A Record of Jorudan's Hard Struggle in the MaaS Business

Masanori Yuikawa
結川昌憲

MaaSをめぐる冒険

ジョルダンの見据える未来像

悟空出版

はじめに

な、ない！

忘れもしない今から2年前の10月8日、名古屋駅の太閤通南口。

名古屋駅近くの企業へ訪問するため、新横浜駅から乗った「のぞみ203号」。車内で一心不乱にノートパソコンのキーを叩いていた記憶のほかに、かすかに思い出したのが、ホームのキオスクでおにぎりを買ったこと。もしかして、レジ袋と一緒にチケットまで車内のごみ箱に捨ててしまったのか……。

いや、こちらには窓口でチケットを買ったときにもらったクレジットカードの控えが残っている、チケットを持っていたことの動かぬ証拠だ、これで何とかなるだろう。

新幹線の青い自動改札機の前で立ち止まったのは、ほんの10秒ほどだっただろうか。駅員が待ち構える窓口へ平然と歩を進め、チケットを無くした旨を伝え、クレジットカードの控えとともに示したのだが、返ってきた言葉は、

「誠に申し訳ございませんが、もう一度、同じ切符を購入していただくしかありません」

え、クレジットカードで買った証拠があるのに、なぜ？

たとえクレジットカードで購入したとの証拠があったとしても、私のチケットを拾って別の列車で使っている人がいるかもしれないし、制限はあってもチケットは有効なので誰かに売ることもできる――、そんな理由だったと思うが、規則というのだから、仕方がない。

何より、アポイントの時間は刻一刻と迫っている。一刻も早くこの改札口を抜

けなければ。

財布のなかを見ると、1万円札が1枚と1000円札が2枚、そして小銭が少々。チケットは消えてしまったのに、なぜか朝おにぎりを買った売店のレシートはしっかり残っている。余計に悔しい気持ちになる。

「で、いくら払えばいいのですか、急いでいるんです」

「のぞみ号の新幹線指定席ですから、新横浜駅からですと1万450円（当時）になります」

駅員がチケットを再発行する端末から出た紙片を渡してくれた瞬間、1万円札と1000円札を1枚ずつ窓口の脇に置き、改札の外へ向かって走り出していた。急がなければ。

「ちょっと待ってください、お客様――、お釣りもあるんですよ！」

背中にそんな声を浴びせられながらも、そのときの私には、打ち合わせ先の企業へ向かうこと以外に頭になかった。

あとで考えると、悔しいような虚しいような、情けないような、何とも言えない感情が湧いてきたが、まず脳裏に浮かんできたのは、

「ほれ見たことか！」

私の上司である社長の呆れ顔だった。

ことあるごとに「お前は交通に携わる人間なのに、まだモバイルチケットも使っていないのか。東海道新幹線だったら、スマートEX*があるだろう」といった〝忠告〟を以前から受けていたのだった。

*スマートEX
東海道・山陽新幹線が2017年に始めたサービスで、スマートフォンやパソコンから、クレジットカードと交通系ICカードを登録して利用でき、新幹線の予約から変更を発車直前までできる。

「いや、どうも紙のチケットでないと、買った気がしなくて」

上司を待たせて窓口に並んだり、自動券売機に並んでみたりと、密かな抵抗を続けていたのだが、給料前に1万円ちょっとの〝授業料〟を払うことになり、ようやく無意味な抵抗であったことを知ることになったのだった。

紙のチケットはまさに現金と同じ有価証券、という扱いだったわけだが、そんな大事な紙片をレジ袋とともに投げ捨ててしまったのだから、なんとも情けない。でも、レシートのように単なる紙切れという気がしないでもないので、無意識のうちに雑な扱いになっていたのだろう。

もし、スイカ（Suica）*やパスモ（PASMO）*のようなICカードだったら、財布やケースから取り出す機会も頻繁にはないので、なかなかに捨てなかっただろう。

＊スイカ（Suica）
2001年に東日本旅客鉄道（JR東日本）が発行したICカードの乗車券。JR東日本・東京モノレール・東京臨海高速鉄道などが発売し、2020年9月で8500万枚を突破。電子マネー機能もあり、モバイルSuicaも登場。

＊パスモ（PASMO）
2007年に株式会社パスモが発行し、関東地方・山梨県・静岡県の鉄道・バス事業者が発売する交通系ICカード。Suicaと同様に電子マネー機能を備えたICカード乗車券。モバイルPASMOも急拡大。

東海道新幹線の予約サービス「スマートＥＸ」ではスマートフォンで予約して、ＩＣカードを「ピッ」とすればそのまま乗車できるし、変更や払い戻しもインターネット上からできてしまう。

そんな便利なサービスがあったことに気がつかないでいた。いや、なんだか面倒な気がして気がつかないふりをしていた。当然、その日のうちに、こっそりスマートＥＸの会員登録を行い、帰路の新幹線では、さも昔からの愛用者のごとく、使わせていただくことになった。やってみると至極簡単で、なぜ今までやっていなかったのだろうと自分でも不思議なくらいだ。

冒頭から個人的な失敗経験を長々と書いたのは、私たちの仕事とも、今回書く本の内容とも関係しているからだ。

私の所属するジョルダン株式会社*は、インターネットを通じて交通機関の「乗

*ジョルダン株式会社
1979年に株式会社ジョルダン情報サービスとして設立。「乗換案内」をはじめとするソフトウェア開発企業で、携帯コンテンツ事業をメインに旅行業、出版業も手掛ける。会社名は、19世紀フランスの数学者のカミーユ・ジョルダンに由来する。

換案内」サービスを提供している。

今、列車やバスを使ってどこかへ出かけるときには、インターネットで調べるのが当たり前となっているが、スマートフォンなど影も形もなかった時代、列車やバスの時刻を調べるには、電話帳のようなぶ厚い時刻表を繰って目当ての駅や列車を探したり、交通機関に電話して尋ねたりという方法しかなかった。

だったら、全国全駅の時刻表をパソコンで調べられるようにできれば便利なのに、という純粋な思いから、来る日も来る日も列車の時刻表を手で打ち込んでいた人たちがいて、それが今から40年以上前に立ち上がったジョルダンという会社で、すでに四半世紀以上前の1993（平成5）年には「乗換案内」のソフトを生み出している。

最初は新幹線や特急列車と飛行機の時刻や運賃の情報だけだったが、「各駅停車の情報も必要だ」「やっぱり私鉄の時刻表も欲しい」「バスもあれば便利だ」

「駅からの地図は欠かせない」「事故で止まっているとか運転情報もあれば便利だよね」などなど、利用者の皆さんからのご要望に応える形で交通に関するあらゆる情報を網羅してきた。

交通機関の経路検索はジョルダンだけでなく、「駅すぱあと[*]」や「NAVITAIME（ナビタイム）[*]」、「駅探[*]」など多くのサービスが登場し、移動に関する情報は充実の一途をたどっていると言える。

今ではスマートフォンの検索窓に、この場所からこの場所まで移動したい、と住所や目印となる建物などを打ち込めば、駅から駅、バス停から駅などの経路や時刻、運賃はもちろん、駅やバス停から目的地までの地図情報も現れ、おおよその所要時間も表示されるのが当たり前という環境になった。

出張のたびにぶ厚い時刻表と格闘していた頃と比べれば、夢のように便利な環境になっているのだが、ここで進化が止まっているわけではない。

＊駅すぱあと 株式会社ヴァル研究所が提供する公共交通機関の最適経路を提供するサービス。

＊NAVITAIME（ナビタイム） 株式会社ナビタイムジャパンが提供する携帯電話・スマートフォン向けの経路探索およびナビゲーションサービス。

＊駅探 東芝の一部門としてスタートした株式会社駅探が提供する交通情報や乗り換え案内の情報サイト。

確かにスマートフォンに住所や目印を打ち込めば、ジョルダンなり、駅すぱあとなり、ＮＡＶＩＴＡＩＭＥなりといった経路検索のサービスにより、移動のルートや交通機関の情報は教えてくれるようにはなった。

しかし、ルートや経路や運賃は教えてもらったとしても、当たり前だが、バスが走っていないところは自ら歩くかタクシーを呼んで乗るしかないし、利用したいときに列車やバスが走っていない時間帯もある。

そして、それぞれの交通機関でチケットを買ったり、電子マネー*で支払ったり、特急や新幹線に乗るときには、鉄道会社のサイトへ移動して予約する必要も出てくる。以前の私のように、ターミナル駅の窓口へ並んでチケットを買うこともめずらしいことではない。

この少し面倒な状態を解消しようというのが、「ＭａａＳ（マース）」という概

＊電子マネー
現金の代替となる支払い手段の一つ。電子マネーの定義は一様ではなく、一般的にはデジタル化されたお金で、事前にチャージするプリペイド型、後払いのポストペイ型、決済直後に銀行預金から引き落とすデビット型の支払い方法がある。

念で、モビリティ・アズ・ア・サービス（Mobility as a Service）の頭文字を取った言葉だ。昨今この文字を新聞で見ない日がない。

たとえば、ここからある場所へ移動したい、と検索すると、ルートや経路が示されるのは今と同じだが、交通機関の案内を示す部分には予約や決済ボタンがあって、必要な運賃などはその場で支払うことができるので、私のように、高価なチケットを無くしてしまう心配もないのだ。

バスや鉄道がなかったり、運転されていなかったりする時間帯には、タクシーや各種モビリティ（移動手段）を使う方法が示され、画面上で予約と決済を済ませておけば、ルート検索で示された場所と時間に迎えに来てくれる。あるいは、レンタカーやレンタサイクル*という移動手段が提示されることもあるだろう。なかには、「列車を待つ間、近くに美術館があるので行ってみてはどうでしょう？今なら割引で鑑賞できますよ」という提案がなされるかもしれない。

*レンタサイクル　自転車を有料で貸し出すもので、長期のリースではなく、時間単位の賃貸借し（レンタル）自転車。また貸し出された自転車自体を指すこともある。シエアサイクルとも呼ばれる。

スマートフォン上で検索し、ルートを選んで決済しておけば、あとはそれに沿って、できるだけスムースに、そして快適に移動できる仕組みを作ろう、というのが「ＭａａＳ」の最終目標で、次世代の交通・移動システムや交通のＩＴ化*などとも呼ばれる。

世界中の交通機関や自動車メーカーをはじめ、私たちのような経路検索サービス企業、さらにはＩＴ企業や行政機関も含め、移動とＩＴに関わるほぼすべての組織がＭａａＳの実現へ向けて歩みを始めており、少しずつだが、快適で便利な移動の姿が輪郭を見せつつある。

この本は、ジョルダンという企業でＭａａＳチームのリーダーをつとめる一人の企業人を通じ、胎動を始めたＭａａＳの姿を描こうと企画したものだ。

公共交通機関でも自動車メーカーでもない経路検索サービス企業がＭａａＳに乗り出すのはなぜなのか、中立的な立場で何ができるのか、今、取り組んでいる

*交通のＩＴ化
座席予約システムや運行管理システムなど、ＩＴを活用して運営事務や運行の効率化が図られている。ＩＣカードシステムの導入で利便性が急速に向上し、さらにスマートフォンの普及によってより広い高度サービスが展開されている。

ことを書き記した。

紙のチケットを紛失するという、ちょっと恥ずかしく、誰にでも一度はあるに違いない経験がなくなるように、という私の個人的な思いも込めながら、ＭａａＳ実現へ向けた現場の姿をお伝えしたいと思う。

MaaSをめぐる冒険 目次

第2章 J MaaSという受け皿づくり

第3章 親日家が作った「モバイルチケット」

第4章 ラグビーW杯と愛知県豊田市

第5章

北九州、大分、日光、松山、大阪、飯能、そしてMaaSの未来へ

第1章

MaaS 胎動前夜

きっかけは代表のひと言から

「わかるか、結川（ゆいかわ）、これは百年に一度あるかないかの交通の大変革なんだ――」

新宿三丁目のジョルダン本社、7階に置かれた社長室に呼ばれた私は、社長の佐藤俊和*からそんな言葉を投げかけられた。

「これに社運をかけて取り組まないと、ジョルダンは終わってしまうぞ！」

社長の佐藤が興奮して、そんな物騒な言葉まで口にしたのは今から3年近く前、２０１８年初めの頃だった。

「なるほど、マースですか……」

＊佐藤俊和
1949年生まれ。福島県出身。76年、東京大学工学系大学院卒業。エス・ジー入社。79年ジョルダン情報サービス（現ジョルダン）を設立、代表取締役社長に就任。2003年、大阪証券取引所「ヘラクレス」に上場。

わかったような、わからないような口ぶりで上司である社長が飛ばす檄を何とか受け止めはしたものの、当然ながらその言葉の真の意味や概念を理解していたわけではなく、自分のデスクへ戻ることも忘れて、物知りな法人部のメンバーに「おい、マースって知ってるか」と尋ね回ったのは言うまでもない。

この頃、MaaSという言葉を経営者から聞いて戸惑っていたのは私だけではなかったようで、東急グループの広報マンとして活躍されていた森田創*(そう)さんは、言葉も知らないまま、畑違いであるMaaSプロジェクトのリーダーに社長から直接任命され、道しるべのないなかでも苦闘し続け、一定の成果を上げた顚末を著書『MaaS戦記*』(2020年7月)を通じ描いている。

何ごとにも感度を研ぎ澄ませている経営層や、国内外の交通・移動事業の動向を常にチェックしている人なら、これだ！ と一瞬で理解できたのだろうけれど、この時点の私には、「MaaS」ではなく、〝マース〟というなんとなく滑ら

*森田創
1974年生まれ。神奈川県出身。99年、東京大学教養学部卒業。同年、東京急行電鉄株式会社入社。広報課長を経て、現在、交通インフラ事業部MaaS担当課長。

*MaaS戦記
森田創著、講談社刊。「日本初の観光型MaaS」を推進する東急でプロジェクト・リーダーをつとめる著者が、現場目線で書き下ろしたビジネス・ドキュメンタリー。

かな語感だけが尾を引くように頭に残る程度。自分のなかで、マースが〝MaaS〟へと変わるまでには、しばらく時間を要した。

北欧フィンランド発「Whim（ウィム）」の脅威？

MaaSという言葉が生まれたきっかけは、2016年に北欧フィンランドの首都であるヘルシンキで始まった「Whim（ウィム）」*というスマートフォンアプリだと言われている。【36ページ事例紹介】

現地のベンチャー企業が発案して始まったこのWhimでは、毎月一定の金額を払えば、鉄道やバスに無制限で乗れ、タクシーやレンタカー、レンタサイクルも一定距離なら無料となっており、ヘルシンキの街を自由自在に動き回るうえでは〝完全無欠〟と言えるアプリだ。

＊Whim（ウィム）
2018年10月にフィンランドでMaaSを初めて都市交通に導入したプラットフォームサービス。MaaS Global社が手掛け、翌19年12月に日本でもサービスを開始。

＊シェアサイクル
1995年にコペンハーゲンで最初に導入され、日本でも都市部を中心に全国に拡大している。レンタサイクルとの違いは、複数のサイクルポートで利用、返却ができ、ICカードやスマホだけで借りることができる。

＊イコカ（ICOCA）
2003年にJR西日本が発行するICカード乗車券。プリペ

Ｗｈｉｍを東京都内版に置き換えて考えてみると、23区内のＪＲや地下鉄、私鉄、路線バス、タクシー、さらには「カーシェア」や「シェアサイクル*」も自由に使えるといった仕組みで、外出の多いビジネスパーソンにとって夢のような〝スーパーアプリ〟ではないだろうか。

日本の都市圏で使えるスイカ（Ｓｕｉｃａ）やパスモ（ＰＡＳＭＯ）、イコカ*（ＩＣＯＣＡ）、トイカ*（ＴＯＩＣＡ）などは、これに比較的近い存在と言えるが、交通系ＩＣカードはチケットや現金の代わりにはなってくれるものの、最適な経路を検索したり、タクシーやカーシェア、レンタサイクルなどを予約したりする機能は今のところ備えていない。また、一定金額で〝乗り放題〟となるのも、定期券として購入した範囲やフリー切符などに限られるのが現状だ。

スマートフォンアプリであるＷｈｉｍは、移動に最適な経路を検索することはもちろん、予約や決済機能も付いているし、契約期間中は自由に使うことができる「サブスクリプション*」や「サブスク*」と呼ばれる仕組みを交通機関に導入し

イド方式の乗車券の機能をはじめ、電子マネー決済にも使用できる。

＊トイカ（ＴＯＩＣＡ）
２００６年にＪＲ東海が発行するＩＣカード乗車券。プリペイド方式の乗車券の機能をはじめ、電子マネー決済にも使用できる。

＊サブスクリプション（サブスク）
製品やサービスなどを一定期間利用するために代金を支払う方式のビジネスモデル。契約期間中は商品を利用できるが期間が過ぎると利用できなくなるのが一般的。コンピュータのソフトウェアの利用形態として採用されることが多い。

たことでも画期的だと言われている。何より、政府や行政がマイカー依存からの脱却を目指す政策として主導した点に注目を集めた。【37ページ事例紹介】

こうした海外での〝異変〟は、ジョルダンでも社長の佐藤ら経営層がいち早く察知し、社内の限られた人間が現地へ飛んで調査。提携先まで物色していたなどということは、ずっとあとになってから知ったことであり、2018年の年初に社長から檄を飛ばされても、「新年早々また新しいミッションか、弱ったなあ……」くらいにしか感じていなかったのも事実だった。

日本のMaaSは「未来投資戦略 2018」が端緒

2020年秋の現在では、MaaSに関する書籍も多数出版され、インターネット上でも詳しい解説を読むことができるようになったが、私がMaaSを知った当時は、先進的な方々が「モビリティ」とか「シームレス*」とか「プラットフ*

*シームレス
継ぎ目がないという意味の言葉で、ITの分野では、サービスやシステム、ソフトウェアなどが複数の要素や異なる主体の組み合わせのときに、一体的に利用できる状態のことをシームレスと言う。

*プラットフォーム
システムやサービスの土台や基盤となる環境のことで、最近ではGAFAなどの巨大IT企業の登場もあり、主にオンラインプラットフォームの意味で用いられる。

ォーム」とか「シェアリングエコノミー*」など、そんな雲をつかむような言葉によってMaaSが紹介されていて、実態も実感もつかみづらい環境だった。

そもそも日本でMaaSという言葉が広がったのはいつだったかと振り返ると、2018年の中頃のこと。一般的には同年6月に発表された政府の「未来投資戦略 2018*」が端緒と言われている。【38ページ事例紹介】

国の成長戦略をまとめた「未来投資戦略 2018」は、日本経済全体の生産性の底上げを図ることを目標に当時の安倍晋三内閣が閣議決定したもので、そのなかには、「『自動化』: 次世代モビリティ・システムの構築プロジェクト」といった項目が設けられ、「自動運転の実用化」や「公共交通全体のスマート化」へ取り組むことが盛り込まれた。【39ページ事例紹介】

ここには、次のようなことが書かれている。

***シェアリングエコノミー** モノやサービス、場所などを、多くの人と共有・交換して利用する仕組み。カーシェアリングなどをはじめ、ソーシャルメディアを活用して多くのサービスが登場している。

***未来投資戦略 2018** 2018年に改訂された、第3次安倍第2次改造内閣による成長戦略(17年に閣議決定)で、ソサエティー5・0の実現に向けた戦略に加えて、データ駆動型社会への変革を謳っている。

世界では自動運転の開発・社会実装競争のみならず、移動に関する様々なサービスに横串を刺しての競争も開始されており、日本において世界に先駆け、自動運転及び公共交通全体のスマート化を含む「次世代モビリティ・システム」を実現する。

そして、全143ページに及ぶ「未来投資戦略 2018」では、MaaSという言葉が7回にわたって使われており、たとえば、次のような箇所で見られる。

様々な交通サービスをデータでつなげて新たな付加価値を生み出すモビリティサービス等（MaaS）の促進について、オンデマンドなどのサービス高度化、API等によるデータ連携・プラットフォーム、対応する制度の在り方等について、本年度中に検討を行う。

国の公式な戦略をまとめた文書なので、MaaSという言葉自体をストレート

に説明した箇所は見当たらなかったのだが、

〝様々な交通サービスをデータでつなげて新たな付加価値を生み出すモビリティサービス等（MaaS）〟

との部分が、MaaSという言葉の定義を表したものと言えそうだ。

様々な交通サービスをデータでつなげる、という点は交通機関のデータを集約して利便性を高めるための情報を発信しているジョルダンの事業そのもの。政府が重要性を広く公表するに至ったのだから、社長の佐藤が「MaaSに取り組まなければジョルダンは終わる」と焦っていたのは、このあたりにあったのだろう。国の成長に必要だと指摘されているわけだから、企業として何らかの役割を担わなければ、世の中から見放されてしまう。

そしてもう一つ、ここには「モビリティ」というキーワードが出てくる。

英語の「mobility*」を日本語に直訳すると、可動性とか移動性とか機動性といった言葉になるが、ここでは「移動手段」というあたりが適切な意味と言え、今は「新しい移動手段」の総称という形で捉えられている。

たとえば、一般的な移動手段である電車やバス、タクシー、レンタカー、レンタサイクル、マイカーには定着した名前が存在し、これらを総称して「モビリティ」と呼ぶ人はわずかにいたとしても、電車やバスをモビリティと呼んでいる人は見たことがない。

今はまだ名前がないような移動手段、たとえば自動運転の車とか、立ち乗り型の二輪車「セグウェイ*」や「電動キックボード*」のように、今までになかったカテゴリの乗り物などを指す言葉となっている。

＊mobility
移動性・流動性とともに、乗り物・移動手段を意味し、職業の移動や階層の移動、乗り物など人の移動として使用される。

＊セグウェイ
アメリカのディーン・ケーメンを中心に開発された電動立ち乗り二輪車で、2001年の発表前は実体は極秘とされ、世界的な発明として話題となった。

＊電動キックボード
新たな交通手段として注目を集めている電動のキックボード。公道で走行する場合は、原付二種として登録する必要がある。

「モビリティ」の変革は人の動きも変える

国によるMaaSの説明と見られる箇所には、「交通サービスをデータでつなげて新たな付加価値を生み出す」ことが「モビリティ」であるとも読める。つまり、電車やバスといった従来の移動手段に〝新たな付加価値〟が加わったとき、将来的にはモビリティと呼ばれているのかもしれない。

では、電車やバスの新たな付加価値とはどういうものなのだろうか。今、もっとも注目を浴びている「自動運転*」という技術革新から交通機関にもたらす付加価値を考えてみた。

電車については運転士が乗務しているのであまり気づかないが、すでに一部の路線で自動運転が行われている。ずいぶん前のことだが、ある鉄道路線で運転士

*自動運転
専用道路を走行する自動運転車は1980年代に開発されており、IT技術・AI技術の発展で急速に進歩している。運転支援のレベル1から、完全自動運転のレベル5まで分けられ、レベル5の無人運転車も可能になっている。

が居眠りしてしまったものの、何の問題もなく運行していたので誰も気づかなかったなどという話もあった。

鉄道に近い「ゆりかもめ」や「ニュートラム」といった路線は「新交通システム」[*]という名前が定着しており、開業当初から自動運転であり、運転士の無人化も実現している。

電車や新交通システムがモビリティと呼ばれるようになるには、自動運転以上の新しい何かを生む必要があると言えそうで、一つ考えられるのがパーソナル化と言うか、個人の移動ニーズにより近づくという点だ。人間が時刻表に沿って動く交通機関に合わせるのではなく、交通機関が人間の動きに合わせてくれる形だ。

少し未来の話となるが、ボタンを押したら電車がやってきて、自動車のように自律走行して好きな駅まで行ける、そんなイメージだろうか。

＊新交通システム
新しい技術により従来の交通機関とは異なる機能や特性を持つ交通手段で、AGT、モノレール、リニアモーターカーなどを指す。また既存の交通手段を改革して発展させた、ライトレール、デマンドバス、ライドアンドライド・システムなどの新しい交通システムも含まれる。

なんだかエレベーターみたいだが、今は縦にしか移動できないエレベーターの箱が横にも移動して、さらには建物の外でも決められた場所を動き回ることができることになれば、電車や新交通システムのようなモビリティができあがる。

大量輸送を担う都市圏の鉄道で〝鉄道モビリティ〟*を実現させるのは難しいとしても、運転本数の少ない鉄道会社や、限られた範囲だけの輸送を担う新交通システムなら可能性はあるのではないだろうか。

たとえば、徳島県の室戸岬に近い「阿佐東線（あさとう）」という鉄道路線では、DMV*（デュアル・モード・ビークル）というレール上も道路も走れる列車の運行が始まろうとしており、これなら自分の家の前からも鉄道に乗ったり降りたりすることができる。自動運転化はまだ先だが、新たな鉄道モビリティと呼ばれる存在に発展するかもしれない。

＊鉄道モビリティ
鉄道移動の利便性や快適性を充実させるだけでなく、ITCなどの先進技術を活用して、鉄道やバス、カーシェアリングなど複数の交通を、アプリなどを使って高度サービスを提供すること。

＊DMV（デュアル・モード・ビークル）
列車が走行する軌道と自動車が走行する道路の双方を利用できる車両。日本では阿佐海岸鉄道が運行開始予定。

一方、バスやタクシーといった自動車交通は、駅や線路を設置しなければならない鉄道に対し、道路さえあれば走れるため、もともと個人の移動ニーズに近い乗り物だが、自動運転という面で考えるとまだ実証実験が行われている段階である。

たとえば、トヨタ自動車は「モビリティカンパニー」[*]にモデルチェンジすることを打ち出しており、Connected（コネクティッド＝インターネットなどにつながる）、Autonomous（自動化）、Shared（シェアリング）、Electric（電動化）の頭文字から取った「CASE＝ケース」を意識した研究開発を最重視する姿勢を見せるなど、世界の自動車メーカーがモビリティのあり方を模索している。

こうした「CASE」が交通システムとして実用化されたとき、モビリティと呼ばれる存在へと一気に進化することが見込まれている。

*モビリティカンパニー　人やモノの移動を先端技術で支援する自動車メーカーの未来像。2016年にフォード・モーターのマーク・フィールズ社長が事業計画で発表した際に使用した。

コロナ時代に新たな価値を生み出すべく

特に2020年春頃から日本でも始まった新型コロナウイルス感染症の拡大により、外出自体が制限されたことは記憶に新しい出来事だが、これを機に在宅勤務*やテレワーク*といった概念が定着の兆しを見せている。交通機関に対するニーズも変わっており、感染対策からも、より少人数または個人で、目的地まで移動できる手段が求められた。

個人に最適化された移動手段としては、まずマイカーや自転車が思いつくが、自家用車が増えれば交通渋滞や駐車場不足が激しくなるのは目に見えているし、そうなれば快適な移動手段ではなくなる。

一方の自転車は環境に優しい乗り物で、健康面からも有望な移動手段だが、都

*在宅勤務
会社に出勤せずに自宅で仕事をすること。テレワークの一つ。雇用関係がない場合は在宅ワークと呼ばれる。

*テレワーク
ICTを活用して、時間や場所の制約を受けずに働くこと。tele（離れた場所）とwork（働く）を合わせた造語。

心では駐輪場が不足していることに加え、自動車と同じ道路を走らざるを得ない場所が多い現状を含め、交通事故も懸念される。移動距離が長かったり、雨の日や坂道が多い場所などは運転自体が困難となる。

そこで期待されるのが、現在のバスでもタクシーでもマイカーでもないような交通機関だ。それは、小さなカートのような乗り物となっているかもしれないし、今のバスや自動車を自動運転化して活用していく可能性もあり、見た目はともかく、快適な移動手段として進化していることは間違いない。

今、夜行バスでは全室個室タイプのバス車両で運行している路線があるが、これを自動運転化して、家から会社へ移動できるようになれば、一定の人数を運べるし、快適であるのはもちろん、感染対策という面からも安心だ。動くワーキング[*]グオフィスとしても活用できそうでもある。

こうして近い未来像を考えてみると、駅やバス停といった決められた場所から

*動くワーキングオフィス
鉄道や飛行機、自動車などで、移動しながら情報ネットワークを使って仕事ができる設備と空間。

決められた場所へ大人数を運ぶ役割を担う交通機関に対し、モビリティという言葉は、より少人数または個人の移動ニーズに近づく、という存在だと言える。

私の所属するジョルダンという会社は、モビリティを製造したり運営したりする技術を持っているわけではないため、交通機関の近未来像を夢も交えて若干好き放題書いてしまったが、「新たな付加価値を生み出すモビリティサービス」には、「交通サービスをデータでつなげる」ことが必要であることは先に書いた通り。

じゃあ、データをつなげる立場のあなたたちは何ができるのか？

そう、問われていることになる。

四半世紀以上にわたって交通機関のデータを扱ってきた企業の一人として、できることは何なのか。２０１８年以降、答えがありそうで見つからない模索を続けてきた取り組みの一端を紹介していくことにしよう。

第1章22ページ

Whim 日本上陸決定！

メールアドレスを登録するとWhimの最新情報が届きます。

ニュースレターに登録

Whim（ウィム）のホームページ（https://whimapp.com/jp/package/coming-to-japan/）

MaaS Global

Whim アプリとは

MaaS （マース）は Mobility as a Service の頭文字をとった言葉で、様々な交通サービスを1つのサービスとして捉えた、新たな「移動」の概念です。

私たち MaaS Global は世界初の本格的な MaaS プラットフォーム、「Whim（ウィム）」を展開しており、統合的 MaaS アプリとして世界で初めて MaaS のコンセプトを実現し、複数国・都市でサービスを提供しています。

Whim は1つのアプリでバス、タクシー、自転車シェア、カーシェアなど様々な交通手段を組み合わせて、最適な移動体験を提供する世界初の交通サブスクリプションモデル（定額制）が特徴です。

MaaS Global は街づくり x MaaS事業を展開する三井不動産と提携し、柏の葉の住民の皆様のための「MaaS シティ」実現に向けてプロジェクトを開始します。既にこのプロジェクトはカーシェアリング、タクシー、バスなどの交通事業者との提携が決定しています。MaaS Globalはパートナーの三井不動産と協力しながら、検索、手配、異なる交通手段の支払いを統合させるだけでなく、エリアの物件、街の行事、観光スポットも含むシームレスな移動体験の提供を目指します。

令和２年中, 柏の葉アーバンデザインセンター（UDCK）を始めとした様々なパートナーと共にプロジェクトを開始し、数ヶ月後には月額定額制（サブスクリプション）の実現を目指します。

MaaS Globalは世界初の本格的なMaaSプラットフォーム、「Whim」を展開しており、統合的MaaSアプリとして世界で初めてMaaSのコンセプトを実現し、複数国・都市でサービスを提供

第1章23〜24ページ

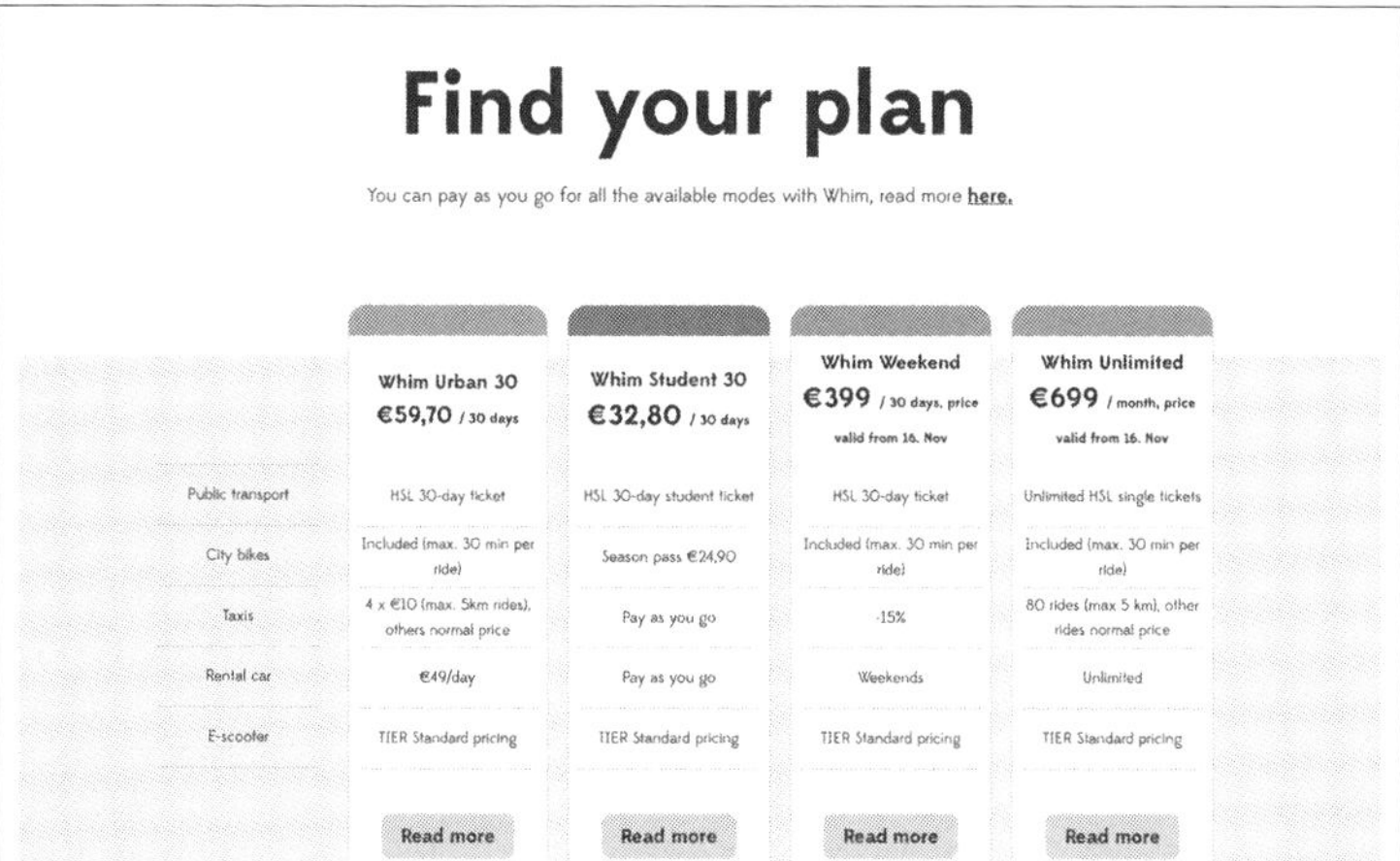

Whimのサブスクプラン

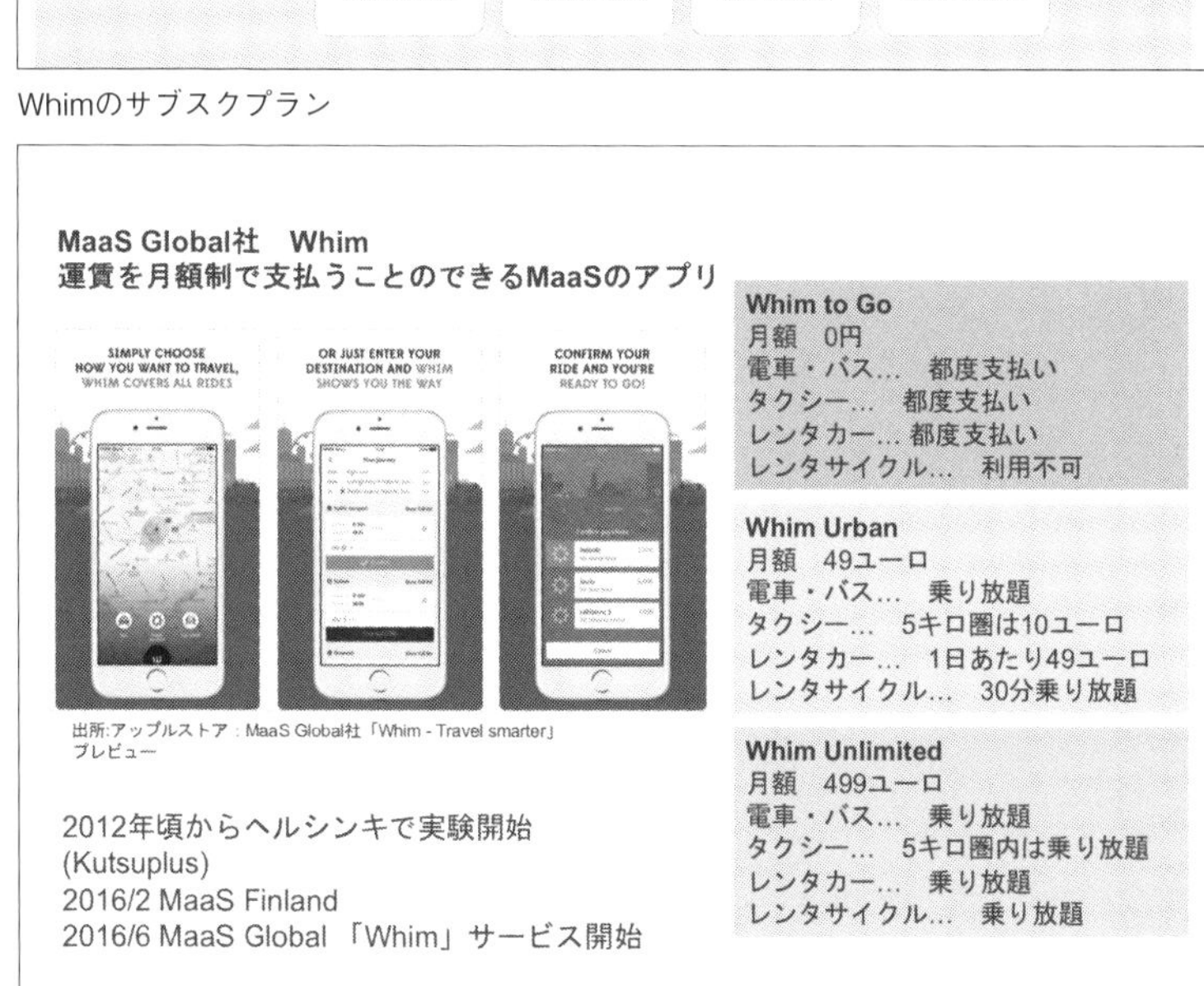

フィンランドのヘルシンキで利用できるMaaSスマホアプリ、Whimは、公共交通機関、タクシー、シティバイク、レンタカーなど、複数のモビリティサービスの予約や決済を一括して行うことができる。お得なパッケージプランや、すべてのサービスをほぼ無制限に利用できるプランなどを用意

第1章25ページ

未来投資戦略

2●18

―「Society 5.0」「データ駆動型社会」への変革―

2018年6月
内閣官房日本経済再生総合事務局

第3次安倍第2次改造内閣による成長戦略。IoT、ビッグデータ、人工知能などを産業や生活に取り入れ、さまざまな社会問題を解決するソサエティー5.0の社会の実現を目指すとしている

基本的考え方　①世界の動向と日本の強み

世界の動向

デジタル革命	・世界では、ICT機器の爆発的普及、**AI、ビックデータ、IoTなどの社会実装**が進み、社会のあらゆる場面で、**デジタル革命が進展**。
データ・人材の争奪戦	・**デジタル時代の価値の源泉**である「**データ**」や、その「**データ**」**と新しい**「**アイデア**」**で新たな付加価値**を生み出す「**人材**」を巡る**国際的な争奪戦**が繰り広げられている。
データ覇権主義	・一部の企業や国が**データの囲い込み**や**独占**を図る「**データ覇権主義**」、**寡占化**により、**経済社会システムの健全な発展が阻害**される懸念。

日本の強み

豊富な「資源」	・日本は、企業の優れた「**技術力**」や大学等の「**研究開発力**」、高い教育水準の下でのポテンシャルの高い「**人材**」層、ものづくりや医療等の「**現場**」**から得られる豊富な**「**リアルデータ**」。
課題先進国	・日本は、**人口減少**、**少子高齢化**、**エネルギー・環境制約**など、様々な課題に直面する「**課題先進国**」。
新たな価値創造のチャンス	・**現場からの豊富な**「**リアルデータ**」**とAIやロボットなどの**「**革新的技術**」の活用によって、**社会課題の解決**を図り、**新たな価値創造**をもたらす大きなチャンス。
優位な立ち位置	・日本は、世界に先駆けて**人口減少に直面**し、**失業問題といった社会的摩擦**を引き起こすことなく、AIやロボットなどの「**革新的技術**」**の社会実装が可能な優位な立ち位置**。

基本的な考え方：世界の動向と日本の強みをとらえた未来に向けての構想としている

第1章25～26ページ

重点分野とフラッグシップ・プロジェクト（1）

■ **次世代モビリティ・システムの構築**

◇無人自動運転による移動サービスの実現（2020年）
（実証の本格化：運行事業者との連携、オリパラに向けたインフラ整備等）

◇「自動運転に係る制度整備大綱」に基づく必要な法制度整備の早急な実施

◇まちづくりと公共交通の連携、新たなモビリティサービスのモデル都市・地域構築

■ **次世代ヘルスケア・システムの構築**

◇個人の健診・診療・投薬情報を、医療機関等の間で共有するネットワーク構築に係る工程表策定

◇「認知症の人にやさしい」新製品・サービスを生み出す実証フィールドの整備

◇服薬指導を含めた「オンラインでの医療」全体の充実に向けた所要の制度的対応

■ **エネルギー転換・脱炭素化に向けたイノベーション**

◇2050年を見据えたエネルギー制御、蓄電、水素利用等の技術開発、我が国技術・製品の国際展開

■ **FinTech／キャッシュレス化**

◇金融・商取引関連法制の機能別・横断的な法制への見直し
◇ＱＲコードにかかるルール整備等

重点分野として「次世代モビリティ・システムの構築」とあり、無人自動運転による移動サービスの実現と、まちづくりと公共交通の連携、新たなモビリティサービスのモデル都市・地域構築を挙げている

Ⅰ［1］1 次世代モビリティ・システムの構築①

課題

少子高齢化による人口の減少

公共交通サービスの縮小、高齢者の事故の増加、バス・トラックの運転手などの人手不足、都市のスポンジ化

目指すべき社会

・自動運転によりさまざまな社会課題を解決する
・単なる自動運転から、都市交通との組み合わせなど、社会全体のサービスへと展開していく

①**より安全かつ円滑な交通社会**
・安全性の向上による事故低減
・スムーズな運転等による交通渋滞の緩和

②**より多くの人が快適に移動できる社会**
・運転の快適性の向上によるドライバーの負荷軽減
・高齢者等の移動手段の確保

③**産業の競争力・効率化**
・自動車関連産業の国際競争力の強化
・関連産業の生産性向上、新しいビジネスの誕生

民間の取組・事例

2020年の実現を目指し、自動運転車の公道実証が本格化

・羽田での公道実証

・高速道路での自動運転技術（レベル３相当）の実証

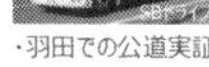

・全国13カ所の高齢化が進む地域で、人流・物流を確保するための実証実験を実施

・世界初の複数メーカーのトラックによる隊列走行の実証を新東名で実施

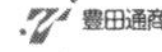

目指すべき社会：自動運転によりさまざまな社会課題を解決することや、単なる自動運転から、都市交通との組み合わせなど、社会全体のサービスへと展開していくと記載

第2章

JMaaS
という
受け皿づくり

日本発「MaaSのプラットフォーム構想」

「このままではGAFA（ガーファ）に飲み込まれてしまう！」

「GAFA」とは、Google（グーグル）、Apple（アップル）、Facebook（フェイスブック）、Amazon（アマゾン）の頭文字を取り、世界を席巻する4大米国IT企業をまとめて指す言葉として少しずつ一般化しつつある。

検索サービスやAndroid（アンドロイド）スマートフォンで知られるグーグル、iPhone（アイフォン）やiPadのアップル、SNSのフェイスブック、インターネット通信販売のアマゾンと、日本でもGAFAが提供する製品やサービスは、生活やビジネスの場に必要不可欠なものが多く、まったく使っ

*Google（グーグル）
1997年にラリー・ペイジとセルゲイ・ブリンが設立し、ネット検索エンジンで世界的シェアを獲得。オンライン広告、クラウドコンピューティング、ソフトウェア、ハードウェア関連の世界的なIT企業に成長。

*Apple（アップル）
1976年にスティーブ・ジョブズ、スティーブ・ウォズニアック、ロナルド・ウェインで創業。Apple Computer、Macintoshの発売とiOSの提供、iPhone、iPadなどの携帯電話・端末からウェアラブル製品なども手掛ける世界的企業。

*Facebook（フェイスブック）

ていないという人を探すほうが難しい。

稠密なネットワークが築かれ、2、3分おきに列車が運行する。日本の公共交通は世界に冠たるものである。しかし、海外発のＭａａＳが出てきたということは、日本の優位性を一気に覆すような新しい動きが始まったということである。今のまま各社がバラバラにやっていては、どんどん世界に取り残されていく。ＭａａＳのプラットフォーム（基盤）を作らなければ、公共交通も巨大なＧＡＦＡに飲み込まれてしまう。

ＧＡＦＡは今、世界的なプラットフォームを築いており、日本もその例外ではないからだ。

たとえば、何か欲しかったり、買いたいと思っていたりする商品があった場合の行動を考えてみると、以下のようなシーンが日常として考えられはしないだろうか。

2004年にマーク・ザッカーバーグとエドゥアルド・サベリン、他3人で創業。ザッカーバーグが学生時代に始めた「The facebook」のサービスを拡大・成長させて、世界最大のソーシャル・ネットワーキング・サービス（SNS）の企業に成長する。

＊Amazon（アマゾン）
1994年にジェフ・ベゾスがAmazonの前身となるCadabraを設立。その後、Amazon.comに変更してオンライン書店のサービスを開始。さらに音楽やビデオの配信をはじめ、さまざまなメーカーの商品を委託販売する世界企業に成長する。

——iPhoneを使って商品を検索してみたところ、検索結果の1ページ目に出てきたアマゾンで割引していたので思い切って購入し、嬉しくなってフェイスブックに投稿してみた——

この過程で登場するのは、アップル（iPhone）、グーグル（検索）、アマゾン（通販）、フェイスブック（SNS）と、いずれもGAFAということになる。

日本企業が関わっているのは、商品の製造を除けば、インターネットの通信（NTTドコモなどの携帯電話会社やNTTなどの通信会社）と、商品を実際に配達する宅配事業者にとどまっており、いわば裏方と言える存在だ。

利便性が高いから支持を集めているのだが、GAFA以外に選択の余地が少ない、という現状もある。

＊iモード（NTTドコモ） 1999年に開始されたNTTドコモの携帯電話で利用できるメール（iモードメール）サービス。メールの送受信やウェブページ閲覧などができる世界初の携帯電話IP接続サービスだが、2026年3月に終了予定。

＊楽天市場 1997年に開設したネット商店街（ECショッピングモール）。三木谷浩史現会長が創業した楽天の主力事業で、店舗数は4

まず、スマートフォン自体がアップルのiPhoneかグーグルのプラットフォームを採用したAndroidの機種以外を見つけ出すのは困難だ。以前はWindows搭載機なども発売されたが、短期間で市場から消えている。また、携帯電話でのインターネット接続の先駆けとして、日本で浸透した「iモード」*（NTTドコモ）のような〝純国産〟のサービスはもう見当たらない。

一方、インターネット通販の部分は、「楽天市場」*などアマゾン同様の利便性を持った日本企業によるサービスを選択することも可能で、国内では遜色ない品揃えを誇っており、この部分では選択の余地が残るだろう。

ただ、日本の会社が提供しているインターネット通販であっても、そのシステムの裏側ではアマゾンが関わっている可能性がある。アマゾンはインターネット通販事業者として商品を販売するだけでなく、AWS*（アマゾンウェブサービス）というインターネット上のインフラサービス*も提供しており、この分野での

万7000店（2018年）で、日本のECショッピングモールでは第3位。

＊AWS（アマゾンウェブサービス）
アマゾンが提供しているクラウドコンピューティングサービス。ウェブサービスのみならず多種多様なインフラストラクチャーサービスを提供し、2020年1月の発表では世界のシェア率32.3%で第1位。

＊インフラサービス
インターネットの通信技術やサーバーなどのハードウェアに関する技術をITインフラと言うが、ウイルス対策、セキュリティ対策、そしてクラウドコンピューティング対策などのサービス。

シェアは世界トップクラスとも言われているからだ。

検索サービスは、日本ではソフトバンク傘下のYahoo! Japan*（ヤフー）が25％程度のシェア（2020年現在）を持っているとされているが、このほか7割以上はグーグルによるものだ。なおかつ、ヤフーはグーグルの検索システムを使って検索結果を表示しているため、少なくとも9割以上が直接的・間接的にグーグルを利用していることになる。

日本でよく使われているSNSには、フェイスブックのほかに、Twitter*（ツイッター）やInstagram*（インスタグラム）などもあるが、ツイッターはGAFAほどの規模ではないにせよ、米国の著名SNSプラットフォーム企業で、インスタグラムにいたっては、すでにフェイスブック社によって買収されている。

インターネットに関わる分野では、GAFA以外に選択の余地は、ほとんどな

***Yahoo! Japan（ヤフー）**　1996年に米ヤフーとソフトバンクの合弁で設立したヤフー株式会社が運営する日本で最大のポータルサイト。2007年には月間ページビュー（PV）で米ヤフーを抜いて世界一に。20年3月で780億PV。

***Twitter（ツイッター）**　2006年に米オブビアス社（現Twitter社）が開始したウェブサービス。SNSのひとつであるTwitterでのやりとりを「tweet（ツイート）」と呼ばれているが、本来は鳥のさえずりの意味で、日本語では「つぶやき」と訳されている。

いというのが日本の現状で、それだけ深く浸透しているわけだ。

交通サービスをデータでつなげるジョルダンの役割とは

私たちが関わるMaaSの分野は、モビリティ・アズ・ア・サービス（Mobility as a Service）の頭文字を取った言葉で、直訳すれば〝交通・移動のサービス化〟ということになるが、サービス化にはIT技術が不可欠だということで、MaaSを「交通・移動のIT化」として捉えられることも多い。

IT界の〝巨人〟であるGAFAがMaaS分野に乗り出すこと自体を表明しているわけではないが、グーグルやアップル、アマゾンの各社は自動運転技術に関心を示して研究開発を進めており、モビリティの分野に参入する可能性が十分にある。また、MaaSのサービス面で一例を挙げると、グーグルが提供する「グーグルマップ*」やアップルが提供する「アップルマップ*」は、移動時に欠か

*Instagram（インスタグラム）
Facebookが提供しているフリーの写真共有SNS。Instagram初版は2010年にApp Storeに登場し、2カ月後には100万人のユーザーを突破し、その後急速に全世界に普及している。

*グーグルマップ
グーグルがインターネットで提供している地図。地図、航空写真、地形の3つの表示モードがあり、ルート検索や地域の情報検索サービスに加えて、道路上から撮影したストリートビュー機能がある。

*アップルマップ
アップルが開発したウエブ地図サービス。地

せないツールとなっている。

当事者としては若干申し上げにくいが、グーグルマップやアップルマップで移動したい場所を選んでルートを検索すると、鉄道やバスの時刻もあわせて表示されるが、ここにはジョルダンの「乗換案内」のデータが使われている。つまり、移動の際には交通機関の情報が必要であることをグーグルやアップルが認識しているためで、今後は自社ですべてのデータ収集を担うことがないとも言えない。

インターネット企業であるＧＡＦＡが日本で鉄道やバス会社を直接的に運営したり、関与したりすることは考えづらいが、ＭａａＳを交通・移動のＩＴ化や自動運転という部分から捉えると、そのプラットフォームづくりを始める可能性は十分にある、というのがＭａａＳに携わる事業者の共通認識となっている。

そうなれば、電車・バスの運行や自動車の製造は日本企業が担うが、システムやサービス面は「ＧＡＦＡ」に頼らざるを得ない、という状況にもなりかねな

図のほか、自動車、徒歩、および公共交通機関のナビゲーションや到着推定時刻を提供している。

い。

２０１８年秋にトヨタ自動車がソフトバンクと「モネ（ＭＯＮＥＴ）テクノロジーズ」*という合弁企業を設立し、国内自動車メーカーも巻き込み「日本連合」でモビリティプラットフォーム事業に乗り出したのは、モビリティ分野におけるＧＡＦＡ進出に対する危機感の表れと言えるだろう。

では、交通サービスをデータでつなげるべき立場のわれわれジョルダンは、何をすべきなのだろうか。

年初に社長から檄を飛ばされ、ＭａａＳという未知なるキーワードに戸惑いながらも模索し、半年間にわたって真剣に悩んでいた２０１８年夏に時計を戻してみよう。

*モネ（MONET）テクノロジーズ
2018年にトヨタ自動車とソフトバンクの合弁で設立され、オンデマンドモビリティサービス、データ解析サービス、Autono-MaaS事業を展開している。MONETは、Mobile Networkの略。

ＭａａＳ事業に関する子会社の設立のからくり

２０１８年7月、ジョルダンから投資家向けに、次のような内容を知らせる１枚の文章が発表されたことは少なからぬ驚きだった。

ＭａａＳ事業に関する子会社の設立に関するお知らせ

当社は、平成30年7月12日開催の取締役会において、ＭａａＳ事業への本格参入のため、当社全額出資により子会社を設立することを決議いたしましたので、下記のとおりお知らせいたします。

1. 設立の目的

当社グループは、ライフスタイルを大きく変える「サービス」の提供として、「乗換案内」の機能強化等による事業推進とともに、その周辺領域である位置や移動に関する各種事業（コンテンツ提供のみならずハードウェアやリアルな移動手段の提供を含む）への展開を進め、時間短縮や効率化・省資源化といった価値を提供していく方針です。その上で、「移動に関する№1 ICTカンパニー*」としての地位を確立していくことを経営戦略としております。

この度、その流れをさらに加速し、「MaaS（Mobility as a Service）」（モビリティのサービス化：公共交通機関やレンタカー、タクシー等の移動手段を組み合わせて、一括して利用できるサービスとして提供するもの）の事業展開を進めていく必要があるものと判断し、下記子会社を設立することといたしました。

（中略）

今回の子会社設立により、「MaaS」事業に本格参入し、実際の移動手段

＊ICTカンパニー
情報通信技術の企業ということだが、従来のIT（Information Technology）よりも、ICT（Information and Communication Technology）のほうが、海外では一般的である。

の提供をさらに進め、利便性の向上と新たな収益源の獲得を目指してまいります。特に、当該事業展開に当たり、実際の移動手段を保有する各交通機関等との提携が不可欠となることから、当該新設子会社を活用し、提携先の拡大を進めてまいります。

2．設立する子会社の概要

ＪＭａａＳ 株式会社

（英文）J MaaS Corporation

所在地

東京都新宿区新宿二丁目5番10号

代表者の役職・氏名

代表取締役社長 佐藤俊和

事業内容

ＩＣＴを活用した移動手段の手配・販売・提供サービス等

資本金
　５０００万円
設立年月日
　平成30年7月（予定）
大株主及び持株比率
　当社１００％

一体、何が起きたというのか！

発表された文章には「ＭａａＳ事業を展開するための子会社設立を取締役会で決議した」とある。【64～66ページ事例紹介】

取締役会は執行役員の私には関与できない場だが、会社にいればこうした大きな動きなら事前に方向性くらいは見えてくるはずだ。株主や市場へ最優先で報告することに異論の挟みようはないが、今回は動きを察知さえできなかった。社長が独走している。

以前からMaaSというキーワードを捉え、事業化に向けて社内で中心的に動いていた管理職社員に尋ねても、「今、IR情報から知ったばかりで、何がなんだかわからない」という答えしか返ってこない。彼のもとには問い合わせが相次いでいるらしく、私との話は早々に切り上げ、着信したスマートフォンを手にして「私も今知りまして……」といった言葉を繰り返している。

もうこうなれば、私の上司であり、新会社「J MaaS株式会社」の社長に就任する（と発表されている）ジョルダン社長の佐藤俊和に直接聞くしかない！

いつもは呼びつけられるばかりの社長室へ、めずらしく自らの意思で駆け込んだら、こんな日に限って出張中で不在だった。

私が2018年の正月明けから半年間も模索している間、社長の佐藤はMaaS事業に参入するため、われわれの3倍以上のスピードで極秘裏に動いていたらしい。夏時点で導き出した答えがMaaSに参入するための子会社設立という、当時は若干強引にも思えた手段となって現れた。

ただ、MaaS事業会社という〝箱〟が作られた以上、もう後戻りも悩んでいる暇も与えられないということで、社内の意識が高まったのは事実であり、私自身もMaaSからは逃げられないと覚悟した、というより、覚悟させられた。

誰もが参加できる「箱」こそがJ MaaS

ジョルダンは幸いなことに「乗換案内」が多くの支持を集め、月間の検索回数は2億回以上*、月間約1400万人*という利用者によって国内有数のサービスに

＊月間の検索回数は2億回以上
ジョルダンが提供している「乗換案内」サービスは、毎月2億回以上も経路検索で使用されている。スマートフォンのアプリは累計3000万ダウンロードを突破している。

＊月間約1400万人
「乗換案内」は経路検索、運賃や所要時間などが簡単に調べられ、月間約1400万人に利用されている。ケータイ版やパソコン版もある。

育ててもらった。また、国内で事業を営むあらゆる交通事業者から協力が得られ、鉄道路線だけでなく、どんな小さな街でもバス路線の検索にも対応することが叶い、東京や大阪といった大都市の人だけが使えるサービスから一歩進めることができた。

自らが携わるサービスが日本全国どこでも公平に使えるようになったのは、提供者側の一人としては純粋に嬉しい。

一方、移動という面から考えると、いくらバス路線の時刻がわかったとしても、目的は移動することなのだから、移動したい時間にバスが運転されていなければ目的は達成できないという〝当たり前〟の事実もある。

現在地から目的地に着きたい時刻を「乗換案内」に入力すれば、タクシーでもバスでも何でもいいので、そこまで迎えに来て、時間までに連れて行ってくれさえすれば、その過程にこだわる人は少ないはずだ。

ジョルダンには交通機関のデータは蓄積されているので、この場所でこの時間にバスや鉄道が走っているとか、この地域にタクシー会社やレンタカーといった移動手段があるといったことを即座に知らせることはできるが、バスやタクシーを実際に運行することはできないし、今のところ自動運転の画期的な移動手段(モビリティ)を開発する技術力や製造設備はない。

究極に快適な移動環境を実現させるには、ジョルダンの力だけでは到底無理な話で、少しでも理想に近づけるためには、誰もが参加できる〝箱〟が必要で、それがJ MaaSという会社だった――ということは、社長の佐藤と唾を飛ばしながら議論するなかで、私自身が導き出した一つの答えだ。【64~66ページ事例紹介】

理想はもっともなのだが、現実を直視すると本当にできるのか、との思いは当然ある。

日本にはＪＲのような巨大企業から大規模な私鉄、路面電車*やケーブルカー*といった地域の企業まで、鉄道会社だけでも４００社以上あって、バス会社の数はその10倍以上だ。さらに、旅客船会社や航空会社、タクシー会社や新たなビリティ（能力）を開発する企業など、人の移動に関わる企業体は無数に存在する。ＧＡＦＡのように、今まで移動とは無縁だったＩＴ企業が参入することも考えられる。

交通系ＩＣカードは小さな交通会社の課題だった

既存の交通機関には、長年の歴史を持ち、経営が安定しているところもあれば、各社が競合して苦戦している地域もあり、沿線の人口減で存続するのに精一杯というケースも見かける。

＊路面電車
道路上に敷設された軌道を走行する電車のことで、世界では約50カ国・約400都市に存在している。元々は馬車鉄道として1840年代に欧米各地に広がった。日本では、1895年に開通した京都の伏見線が最初である。

＊ケーブルカー
山岳などの急斜面をケーブルでつながれた車両をウインチなどで巻き上げて運転する鉄道。鋼索鉄道とも呼ばれる。近年は都市や空港などでの輸送にも用いられる。

各社がさまざまな事情を抱えるなかで、一つの方向へ向かってまとまって動くことは容易ではない。

何より、日本の交通をけん引した「国鉄*」の流れをくむＪＲや、大都市圏の発展に欠かせない存在である大手私鉄各社が同じ方向を向くのが難しい。

細かい話だが、新宿駅から小田急の特急「ふじさん号」に乗って終点の御殿場駅へ着くと、一カ所しかない窓口に行列ができていることに気づくはずだ。首都圏の改札口で使ったスイカ（Ｓｕｉｃａ）やパスモ（ＰＡＳＭＯ）は、ＪＲ東海の駅である御殿場では〝名古屋圏〟ということになってしまい対応していない。いつもと変わらず自動改札機にタッチすると立ち往生してしまうことになる。

また、首都圏から近い観光地などで路線バスに乗ると「スイカ・パスモは使えません」と書かれた〝警告〟を目にすることもあるはずだ。

***国鉄**
1987年に分割民営化された日本国有鉄道（公共企業体）のこと。民営化前は、新幹線と在来線合わせて総延長約2万キロの鉄道路線を持ち、職員数は約40万人。民営化後は現在のJR7社に分割された。

スイカやパスモといった交通系ＩＣカードは都市部の交通機関の大半が対応し、日本が誇る利便性の高いシステムではあるが、読み取り機などの設備投資や加盟金などが必要で、小さな交通会社にとっては困難な場合も多い。

人口減少社会の今は、鉄道会社の相互連携も進みつつあるが、かつては他社線との乗換駅はあえて急行電車を通過させたり、近所に乗換駅があるのに案内しなかったりと、熾烈なライバル関係にあった。

確かに、大阪から京都へ移動する客に、阪急梅田駅で「今の時間帯はＪＲの新快速のほうが早くて便利ですよ」と案内するわけにもいかないだろう。

たとえば、関東で「つくばエクスプレス*」が開業すると同時にＪＲ常磐線*に特別快速が誕生したり、ＪＲに湘南新宿ライン*が開業すると同時に東急東横線*で特急が走り始めたりと、鉄道会社としては、並行する路線に客を奪われるわけにもいかないので、企業である以上は競争するのが当然だ。

＊つくばエクスプレス　２００５年に開通した東京・秋葉原駅と茨城・つくば駅を結ぶ首都圏新都市鉄道。

＊常磐線　東京・日暮里駅から千葉、茨城、福島の太平洋側を経由して宮城・岩沼駅を結ぶＪＲ東日本の路線。

＊湘南新宿ライン　２００１年に開通した東京・新宿駅を経由して宇都宮線と横須賀線、および高崎線と東海道線を相互直通運転するＪＲ東日本の路線。

＊東急東横線　東京・渋谷駅と神奈川・横浜駅を結ぶ東急電鉄の路線。２００４年に横浜高速鉄道みなとみらい線と

の相互直通運転、13年に東京メトロ副都心線との直通運転を開始した。

まずは交通機関のチケット決済から

MaaSが目指す世界観では、快適かつ時間通りに移動することが第一目的なので、そこにJRも私鉄も、バスもタクシーも関係はなく、利用者のニーズに沿った形でのみ移動手段を勧め、その間に紙のチケットを買う必要のない環境を創り出すことが理想だ。

今は運賃などの決済は一部にとどまっているが、このあたりは、各種経路検索サービスも同様で、大阪から京都へ行くのにJRも阪急電鉄*も京阪電鉄*も平等に経路表示されるし、到着時間を優先させる場合には東海道新幹線を経由することを勧める場合もあるだろう。

ジョルダンでも駅すぱあとでも、NAVITAIMEでも駅探でも、利用者の

***阪急電鉄** 大阪・梅田駅と神戸・宝塚駅、京都を結ぶ鉄道で、神戸線がブルー、宝塚線がオレンジ、京都線がグリーンというラインカラーになっている。

***京阪電鉄** 正式名称は京阪電気鉄道で、大阪・京都・滋賀に路線網を持つ鉄道会社。京阪ホールディングスの子会社。

ニーズに合った経路や交通機関を案内する姿勢はまったく変わらない。

経路検索の結果にクセのようなものはあるが、使っている時刻表は共通なので、ジョルダンと駅すぱあとで異なる時刻を表示することはないし、口コミサイトのように「大阪と京都間ではJRのユーザー評価が3・8で、阪急は3・6だからJRを上位に表示する」といった細工もしていない。

当然だが、われわれのような経路検索サービスを提供する企業は、鉄道やバスといった交通事業を営んでいるわけではないため、しがらみがなく、純粋に利用者の利便性だけを追求する姿勢を貫くことができている。【67ページ事例紹介】

MaaSを推進するうえでは、ジョルダンが置かれている第三者的な立場は適していると言えるわけだ。あくまでも立場という意味では。

では、何から始めればいいのだろうか。まずは、交通機関のチケット決済という部分から始めてみることにした。

単純ではあるが、ジョルダンの経路検索時に乗車券などのチケット決済ができれば、利用者は便利なはず、という直球的な発想からだ。

第2章50～58ページ

J MaaS for all your transport needs

鉄道、バス、航空、タクシー、シェアリング...
移動をスマホで簡単に。
J MaaSが実現するのは、未来のワンストップサービスです。

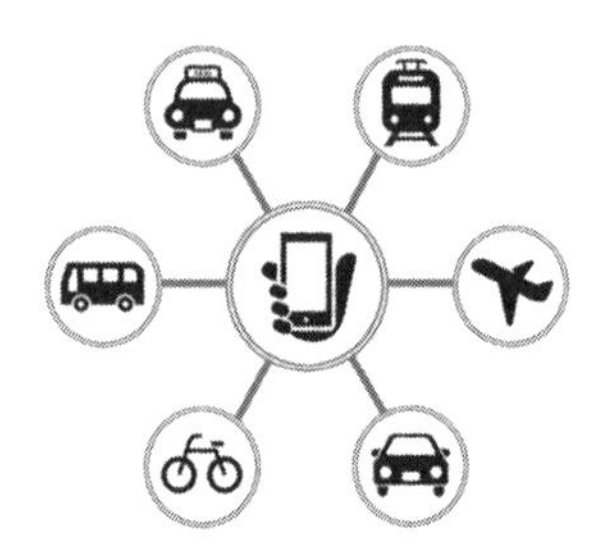

Mission

日本が「MaaS先進国」になるためには、インフラの共通化が必要

MaaS=「移動に関連したあらゆる行動（検索・予約・決済・利用など）を、スマホを用いてワンストップに実行するサービス」の実現を目指し、J MaaSは「MaaSサービスを利用者へ提供する事業者」へのMaaSサービスプラットフォームの提供を行います。

Concept

あらゆるモビリティサービスを繋いだ、スマホで簡単に目的地まで移動できるサービスを提供

地方部の交通網を維持し、移動弱者を作らないための社会課題の解決から、都市部における混雑緩和や新しいモビリティサービスまで、ユーザーや地域の状況に合わせて、モビリティサービスを提供するMaaSオペレーターとともに、様々な利用者・地域の交通サービス提供者様・その他のサービス提供者様やその地域自治体が、それぞれの立場でメリットを享受できるような交通インフラサービスを構築します。

ジョルダンと協業

J MaaSはジョルダンと協業します。
ジョルダンは「乗換案内」を通じて移動者への情報提供を長年実施しており、その中での様々な実験から得られたノウハウや経験を、他のMaaSオペレーターへも提供していきます。

オープンマインド

容易にアプリが作成できるAPIを提供します。
他にも様々なプレイヤーが容易にオペレータ事業へ参入できるように、フレームや商品の用意を進めていきます。

インフラサービス

決済インフラ、移動のビックデータ、AIなど幅広いビジネスに対して積極的に出資を受け入れ、サプライヤーとしての独立を目指しています。

J MaaS 株式会社のホームページ（https://j-maas.co.jp/）

第2章50～58ページ

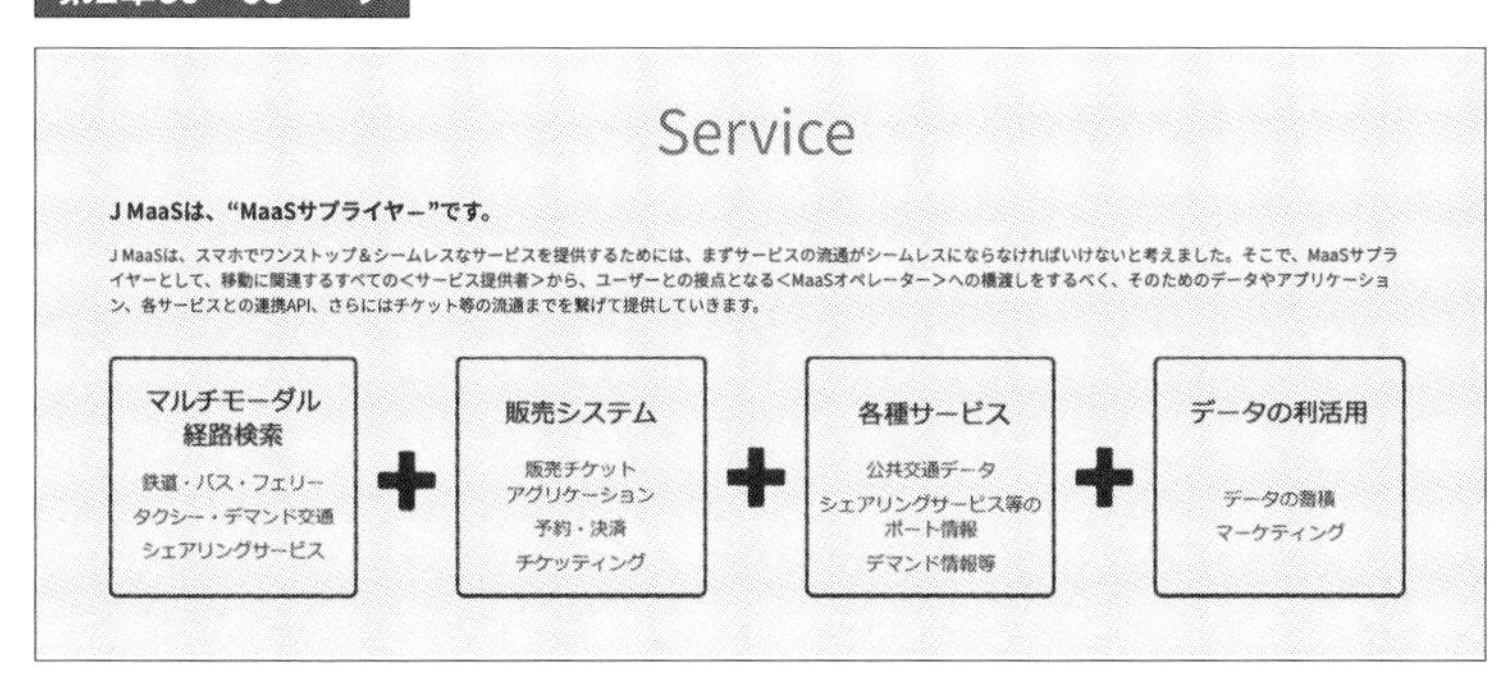

鉄道、バス、航空、タクシー、シェアリング……移動をスマホで簡単に。J MaaSが実現するのは、未来のワンストップサービス

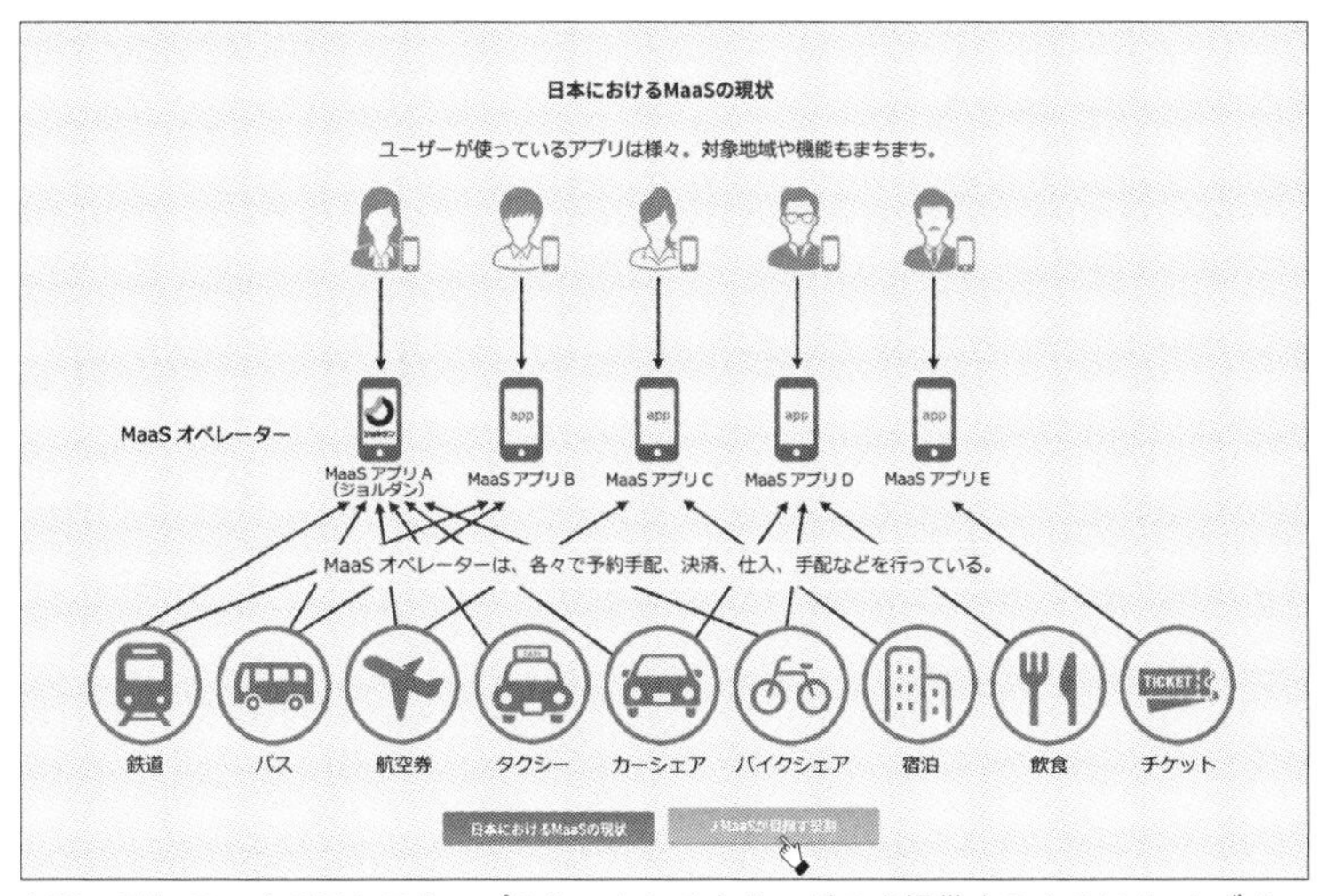

J MaaSは、スマホでワンストップ＆シームレスなサービスを提供するためには、まずサービスの流通がシームレスにならなければいけないと考えている

第2章50〜58ページ

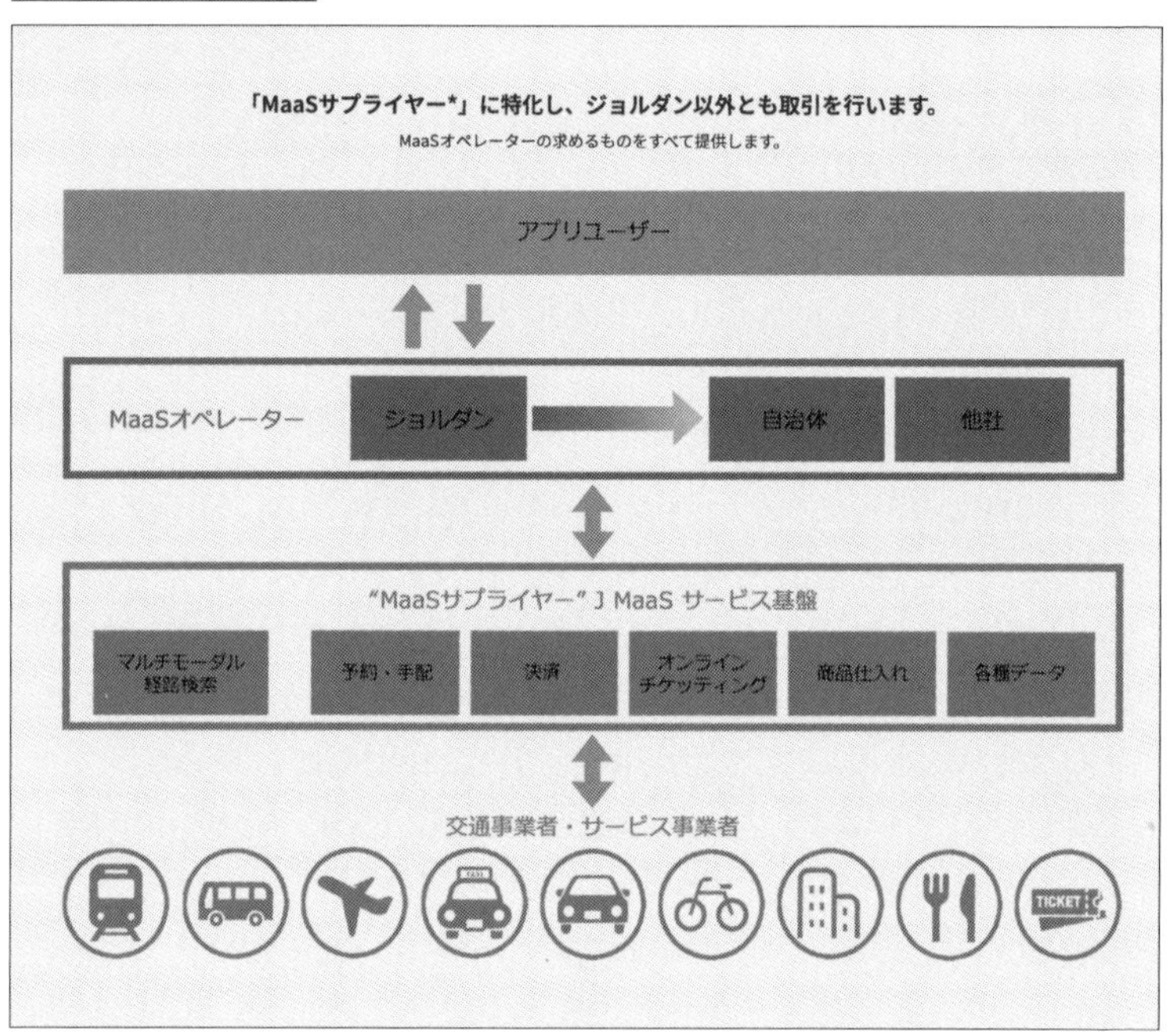

MaaSサプライヤーとして、移動に関連するすべての＜サービス提供者＞から、ユーザーとの接点となる＜MaaSオペレーター＞への橋渡しをするべく、そのためのデータやアプリケーション、各サービスとの連携API、さらにはチケット等の流通までをつなげて提供

第2章62ページ

モバイルチケッティングの未来をつくる

非独占的な企業体連合 J MaaS

交通事業者
広告事業者
通信キャリア
旅行事業者
地方自治体
製造業 etc...

データも
利益も
わかちあい

J MaaSは利益もデータも独占しない。どのアプリからでも、日本の魅力を知れて、買えて、使えるインフラを目標にする

第3章

親日家が作った「モバイルチケット」

企画・観光チケットの電子化提案を開始

「御社で二次元コード*を使った『周遊券アプリ』*を作ってみませんか？」

上司であるジョルダン社長の佐藤俊和が2018年夏に「J MaaS株式会社」を立ち上げてからというもの、MaaSというキーワードがジョルダン社内のなかで急に浸透しつつあった。

「結川、MaaSに取り組まなければジョルダンは終わるんだぞ！」

この半年間、何度聞かされたかわからない社長からの檄もあって、私自身も「MaaSに近づく何かをしなければ」と焦っていた。

*二次元コード
バーコードのように横方向だけに情報を持つ一次元コードに対し、水平方向と垂直方向に情報を持つコード方式で、表示面積を小さくできる。QRコードなど、さまざまなコードがある。

*周遊券アプリ
周遊券はJRが発売した特別企画乗車券が最初で、周遊ゾーン内であれば自由な経路を選択でき、料金も割引されている。その後、交通系各社が独自のサービスを組み込んだ周遊券を発売し、使いやすいアプリも提供している。

何より、ＭａａＳの〝箱〟を作ったのに中身がないという状態だけは絶対に避けなければならない。先に箱を作った社長の思惑通りに、私を含めて社内の人間は必死に知恵を絞っていた。

首都圏を走る大手私鉄の本社へ出向いたのは、その年の秋だった。

大手通信会社とともに、二次元コードを使って各種チケットを電子化できるという目途がつき、提案にこぎつけることができたのだ。

その大手私鉄は沿線に風光明媚な観光地を持っており、都心部からのアクセスも悪くない。近年は最寄り駅までの乗車券と、現地での路線バス券、さらには現地飲食店など観光施設で使えるクーポンをセットにした「企画チケット*」が人気を集めている。

ただ、この企画チケットは、スイカ（Ｓｕｉｃａ）やパスモ（ＰＡＳＭＯ）と

＊企画チケット
鉄道やバスなどの乗車券と特定地域・施設の利用券や食事券などを組み合わせたチケットのこと。食事やショッピング、娯楽施設を楽しめるものなどを組み合わせた、多種多様なチケットが提供されている。

いったICカードには対応しておらず、駅の自動券売機で「紙」の形で購入する必要があった。

私も当時、何の違和感もなく券売機で購入し、印刷された「鉄道・バスの乗車券」「食事券」「観光券」の3枚を受け取ったが、もし1枚でも紛失すれば、電車やバスを別払いするか、現地でおいしいランチを食べることができなくなるか、観光地でのサービスを受けられなくなるか、いずれかのリスクがある。

新幹線のチケットを紛失した私のように、大事な〝有価証券〟を紛失する側の自己責任とも言えるが、今は都市圏で鉄道やバスに乗る際にはスイカやパスモをタッチすることが当たり前という環境になっている。

私自身も企画チケットを買ったことを忘れて、思わず自動改札機にICカードの入った財布を押しつけようとしたくらいなので、都市部で紙のチケットを使うことは、すでに違和感がある人も多いのではないか。何より今は紙の切符に対応していない自動改札機も多い。

また、現地の観光施設や飲食店では、これらの観光チケット[*]を回収後は現金同様に取り扱い、厳重に保管した後に鉄道会社から精算を受ける形となるわけだが、ここを電子化すれば精算業務の多くは省けるはずだ。

そして、遠方や海外からの観光客にとって、それでなくても多機能で複雑すぎる日本の自動券売機で、目的の企画切符を探し出してスムースに購入するだけでも一苦労だし、駅まで行って現金でしか購入できないというのも、人気の企画チケットとしてもったいない。

この企画乗車券自体を電子化し、スマートフォン上からいつでもどこでも購入できるようにすればいいのではないか、と考えたのだ。

そうして、提案書をまとめてこの大手私鉄の本社へ乗り込んだのだった。

***観光チケット**
観光地への旅行で利用できる宿泊や交通、さらに現地の施設利用などが一体となったチケット。海外・国内ともに格安でさまざまなニーズに応えたサービスが提供されている。

結果から話すと、「電子化ができるものなら、今すぐにでもやりたいですよ」とまでは言われなかったが、そういう雰囲気を感じたものの、私の提案は採用されなかった。

先方が言うには、二次元コードを読み取ったり、確認したりするだけでも、同鉄道路線の全駅、対象の全バス車両、全観光施設・飲食店で対応しなければならず、その手間が大きいということだった。

何より、問題は鉄道の駅だ。スイカやパスモといったＩＣカードと、紙のチケットならば自動改札機で対応できるが、それ以外の形態となる乗車券は、駅の窓口で確認しなければならない。

駅の窓口は、ＩＣカードの残高不足や入退場時の読み取りミス、紙のチケット精算、鉄道や駅に関するさまざまな案内、各種販売物への対応、自動改札機や券売機の不具合、夜になれば酔っ払いの相手まで、現在でも無数の業務を抱えており、二次元コードへの対応という新たな仕事を増やすのは、現実的ではないというわけだ。

確かに指摘されてみればもっともな話で、私が毎日使っている駅でも、窓口には最小限の係員しかおらず、電車が着くと客が並んでいる様子をたびたび見かける。最近では、都心の駅でも人の少ない時間帯は無人としている改札口もある。

路線バスの運転手も新たな仕事が増えるわけだし、観光地の施設や飲食店なども同様で、観光チケットを電子化することで得られるメリットよりも、一時的に慣れない業務を増やしてしまうデメリットのほうが大きいのかもしれない。

また、このときの提案では、利用者が企画チケットを購入するためには、スマートフォン向けのアプリをダウンロード*しなければならないという仕組みだったが、その観光地へ行くためだけにアプリをダウンロードさせるというのも利便性

*ダウンロード
インターネット上から画像や音楽、さらにソフトウェアなどのデータを、パソコンやスマートフォンにコピーして保存すること。

が高いとは言えないだろう。

スマートフォンのアプリは、多くの機能を盛り込めるので一見便利そうには見えるのだが、機能や目的を特化させたアプリになってしまうと、ダウンロードしても日常生活では使わないことが多く、スマートフォンのストレージ*（保存領域）を無駄に侵食しているだけの存在になってしまう。私だって、旅行という用が済んだら、すぐにアンインストールするはずだ。これ以上、使わないアプリばかりがスマホの画面を埋め尽くされていてはたまらない。

今、振り返ってみると、当たり前のように思える現実ばかりだが、当時はMaaSを一歩でも実現させることしか頭になく、利用者や交通事業者の負担と実情という面への対応がおろそかになっていたのかもしれない。

また一から出直しだが、少しは前進できたはずだ。さあ、次に行くぞ！

*ストレージ
パソコンなどのデジタルデータを保管するための補助記憶装置のことで、ハードディスクやDVD、CD、SDカードなどがある。

少し反省しながらも、落ち込んでいることを悟られないために、社内ではカラ元気を見せていた。

英国の「モバイルチケット」との出会い

そんな思惑を見透かされたのか、同じチームの金子和枝が「海外を歩いている社内のチームが、かなり使えそうなモバイルチケットのシステムをロンドンで見つけてきました。これは、いけそうですよ」と明るい顔で報告してきた。

「ふーん、海外のシステムか、日本の複雑な鉄道やバスで本当に使えるのか？ローカライズとか、日本は多数の鉄道会社があるから対応が大変だとか、なんだかんだ言って、高い開発費をふんだくられるだけじゃないのか」

日本企業が自信を持って提案した二次元コードの活用で躓(つまず)いた悔しさから、負け惜しみのような言葉が出てしまったが、営業担当の立場から冷徹な目で物事を判断する金子がリサーチして教えてくれたくらいだから、もしかしたら掘り出し物かもしれない、との期待は持った。

あまり興味のないふりをして金子から話を聞き出すと、英国の企業が開発している「モバイルチケット」なのだという。確かに英国は鉄道発祥の地だし、日本の鉄道は英国から多大な影響を受けて発足しているので、親和性があるといえばある。

聞くところによると、その英国の仕組みは、インターネット上で使う「クラウド型」*のシステムとなっており、プラットフォーム（技術基盤）を連携することで、日本で運用するうえで必要な部分は拡張機能として、独自開発したり、設定したりできる。

その企業の名は「Ｍａｓａｂｉ（マサビ）」。思わず「山葵（わさび）みたいで変な社名だ

*クラウド
クラウド・コンピューティングと呼ばれ、ユーザーがサーバーやストレージを持たなくても、インターネット上に個人のデータを保管して、必要なときに出し入れできるサービス。

な」と口にすると、「いや、そうなんですよ」と意外にも金子が同意した。

実際に「Ｗａｓａｂｉ（ワサビ）」という社名にしたかったのだが、インターネットのサイトを作る際にドメインが取れず、Ｗを逆さにしてＭに変えた結果、そんな名になったのだという。同社の経営者は大の日本好きとの評だった。

「ほう、日本好きなのか、不思議な社名にもどこか親近感が湧いてきたな」

社内で悠長な会話を交わしている間、社内ではワサビならぬＭａｓａｂｉとの付き合いがますます深まり、提携に向けて急加速していたことを知るのは、少しあとのことである。

このＭａｓａｂｉ社とジョルダンが出合ったのは、私自身がＭａａＳというキーワードを知る１年以上前の２０１７年のことだったという。【90〜92ページ事例

紹介】

海外も含めて広く情報を集めている社長の佐藤が同社のブログに目をつけて熟読しており、それが縁となり、同年にはWeb会議を通じて初めてMasabi社と接触。翌年早々にはロンドンで戦略企画部の佐藤博志とデン・リーがMasabiの担当者と会っている。

私がMasabi社の名を初めて知らされた2018年秋の時点で、すでに両社の担当者間では、交流や情報のすり合わせを2年近くにわたって続けていたわけだ。

その間には、Masabi社以外にチケットを電子化できるシステムを世界中から探し出す作業も並行して展開しており、ジョルダンの開発チームも加わって、技術検証や日本での対応力などを見極めた。

Masabi社の魅力は技術力と柔軟性

世界には、交通機関向けに実績を持つ著名な海外アプリも多々見られたが、開発を全面的に依存しなければならない点に懸念があった。日本の複雑な交通機関と利用者の細かなニーズに対応するためには、自社で素早く改良を行わなければならないシーンも出てくるためだ。システムの発注自体はできるが、その中身は〝ブラックボックス〟となっていて、われわれがカスタマイズすることを許さない形が多かったのだ。

一方、日本企業は技術力や意思疎通の面で不安はなかったが、交通機関という業界への対応力という面で懸念を感じることがあった。バーチャルなＩＴサービスとは違い、交通機関は公共的な役割がきわめて強い生活インフラなので、失敗しながら使いやすくしていく、などという考え方が通用することは考えづらい。

1年にわたってそうした細かな調査と研究を重ねた結果、ジョルダン社内では「やはりMasabi社がベストだ」という判断を導き出している。

Masabi社は英国企業であるが、他国でも交通機関への導入経験が豊富だった。スマートフォンが世に出回る以前の2007年にはすでにチケットアプリを開発しており、翌年にはイギリス鉄道でバーコード規格を政府とともに定義。2012年には米国へ進出し、ボストンを中心としたマサチューセッツ湾交通局「MBTA」*で同社のモバイルチケットを導入している。

米国マサチューセッツ州の中心であるボストンと周辺の都市を結ぶMBTAの近郊列車は、日本で言うと東海道本線や高崎線のような路線だが、沿線には無人駅が多いこともあり、列車に乗ってから車内で車掌からチケットを買うか、事前購入したチケットのチェックを受けるかという方式で運営されている。そうした環境もあって、利用者の6割がモバイルチケットを事前購入して鉄道を使ってい

＊マサチューセッツ湾交通局「MBTA」
米マサチューセッツ州の公共交通機関事業者。Massachusetts Bay Transportation Authority：MBTAと略称され、鉄道や地下鉄、バス、フェリーなどの多くの交通機関を運営している。

るのだという。

一方、西海岸・ロサンゼルスの通勤路線「メトロリンク」[*]では、改札ゲートにあらかじめ赤外線の読み取り機を組み込んでおり、利用者はスマートフォンに表示されたバーコードを読み取らせる形で改札内に入場する。現在は同路線利用者の4割超がMasabi社のモバイルチケットを使っているとのことだ。

いわゆる日本の「車内検札」や窓口で、人の目によってチケットを確認する〝目検(めけん)〟だけでなく、自動改札機のように読み取り機を使ったチェックも可能で、交通機関側の都合で、どちらの形も対応が可能だという点は好ましい。【92ページ事例紹介】

海外の鉄道やバスといえば、「国鉄」やそれに類する「鉄道公社」、都市部なら「交通局」のような公営企業が独占して担うケースが目立つが、日本では大小さまざまな民営企業があって、規模も事情もニーズも異なっている。モバイルチケ

＊メトロリンク
南カリフォルニア地域鉄道局(SCRRA)が所有する鉄道で、アムトラック(全米鉄道旅客公社)が運行している。鉄道の電化はされてなく、総延長は824キロに及ぶ。

ットを導入する際の選択肢は、多いほうがいい。

たとえば、大規模な交通機関の全改札口に読み取り機を設置するのは時間がかかるので、最初は「目検」で導入を開始し、徐々に機器を設置していくような方法も考えられるからだ。

こうした柔軟性も、ジョルダンがＭａｓａｂｉ社のモバイルチケットを導入するきっかけとなっている。

細かな点だが、偽造防止という面でも感心させられた。特殊な紙に印刷する紙チケットに比べ、デジタル化されたチケットは、その画面をキャプチャ*するなどの方法で複製することは、普通の人でもそれほど難しくはない。

しかしながら、Ｍａｓａｂｉ社のモバイルチケットは、世界50都市ですでに実用化されていることからもわかる通り、セキュリティには高い信頼が寄せられて

＊キャプチャ
英語のcaptureは、捕まえる、捕獲する、という意味だが、パソコンやスマートフォンのディスプレーに表示された画像をデータとして保存することを言う。

いる。

目視で確認するカラーバーのチケット、二次元コードを活用するチケットともに、偽造することが不可能となっており、高い技術ときめ細かい配慮によりサービスを作り上げている。

これらの細かな〝芸当〟は、どこか日本人的な感じがしてしまうが、それはMasabiの社名からしてもそうだし、共同創業者であるベン・ウィタカーとトム・ゴッドバー両氏の日本好きが高じたものかもしれない。

彼らは、モバイルチケットで交通業界に参入する以前、ゲーム開発を行っていた過去もあるという。

日本市場への参入を熱望する彼らとの野望

日本は任天堂の「ファミリーコンピュータ（ファミコン）」*以降のゲーム界において、世界の先進地と見なされており、スマートフォンが登場する以前のゲーム業界は、日本企業がスーパーファミコン*やPlayStation*（プレイステーション）などのゲーム機器でプラットフォームを握るだけでなく、ファミコン以降に培われた高いコンテンツ制作能力を生かし、あらゆるゲームソフトを世界中に浸透させた。

もうほとんど知られていないが、実はジョルダンでも、「乗換案内」のプログラムづくりのかたわら、ゲームを開発していた過去がある。

1980年代初頭にゲームセンターやファミコンで人気だった「クレイジー・*

＊ファミリーコンピュータ（ファミコン）
1983年に任天堂が発売した家庭用ゲーム機。国内外で大ヒットするが、海外向けはNES（ニンテンドーエンターテインメントシステム）として発売し、全世界で約8000万台を販売。

＊スーパーファミコン
1990年に任天堂が発売したファミリーコンピュータの後継機。略称はSFC、スーファミ。16ビットCPUを搭載し、表示と音源の処理能力が格段に向上した。

＊PlayStation
1994年にソニー・コンピュータエンタテインメントが発売した家庭用ゲーム機。世界

クライマー」という、ひたすらビルを登ることを競うゲームだ。幸いなことに今でもファンは多い。

ジョルダンのようにゲームづくりと縁の薄い企業でさえも新規参入し、スマッシュヒットを飛ばすような業界だから、日本のゲームソフトづくりにおける底辺の厚さがわかる。

そんなゲーム業界の話を交わしたかどうかまではわからないが、ジョルダン社長の佐藤俊和とMasabi社の創業者による会談では、両社の現在の事業にあまり関連があるとは思えないゲームに関する開発話が長く続き、すぐに意気投合したことはあとで伝え聞いた。

そして、彼らは来日してすぐに日本の新幹線に乗って興奮していたが、東京駅では交通系ICカードの買い方もチャージの方法もわからず、何度も改札口で立ち往生したというエピソードも、同じチームのメンバーがこっそり教えてくれ

で初めて3Dグラフィックを実現し、32ビットの高性能ゲーム機は瞬く間に世界を席巻。2004年には全世界累計出荷台数で1億台を突破する。

＊クレイジー・クライマー 1980年にジョルダンと日物レジャーシステムで共同開発し、日本物産が発売したゲーム機。クライマーが命綱なしで超高層ビルを登るというゲームで、国内と北米のゲームメーカーにも移植された。

た。かなりの親日家であっても、複雑な首都圏の交通機関を使いこなすことは難しかったようで、「あれはジョルダンの手で何とかならないのか」とブツブツ言っていた。【93ページ事例紹介】

日本好きで日本市場への参入を熱望していたＭａｓａｂｉ社と、チケットのデジタル化を担う最適解を探していたジョルダンのニーズが、パズルのようにぴったりはまって、決まったこの提携話。

ジョルダンがＭａｓａｂｉ社の日本における総代理店契約を締結したことを世の中へ公式に発表したのは、翌２０１９年の新年早々、1月16日のことだった。

経路検索からチケット購入・乗車までを、スマートフォンひとつで実現する快適なモバイルチケットサービスの提供へ

このように題したプレスリリースに対し、新聞社やネットメディア各社だけで

なく、意外な組織からも反応が返ってきたのは想定外だった。

ジョルダン法人営業部に届いた一通のメールが、社長以下、全社を挙げた悪戦苦闘の道へと突き進む号砲になることは、この時点でまったく想像ができなかった。

第3章79～82ページ

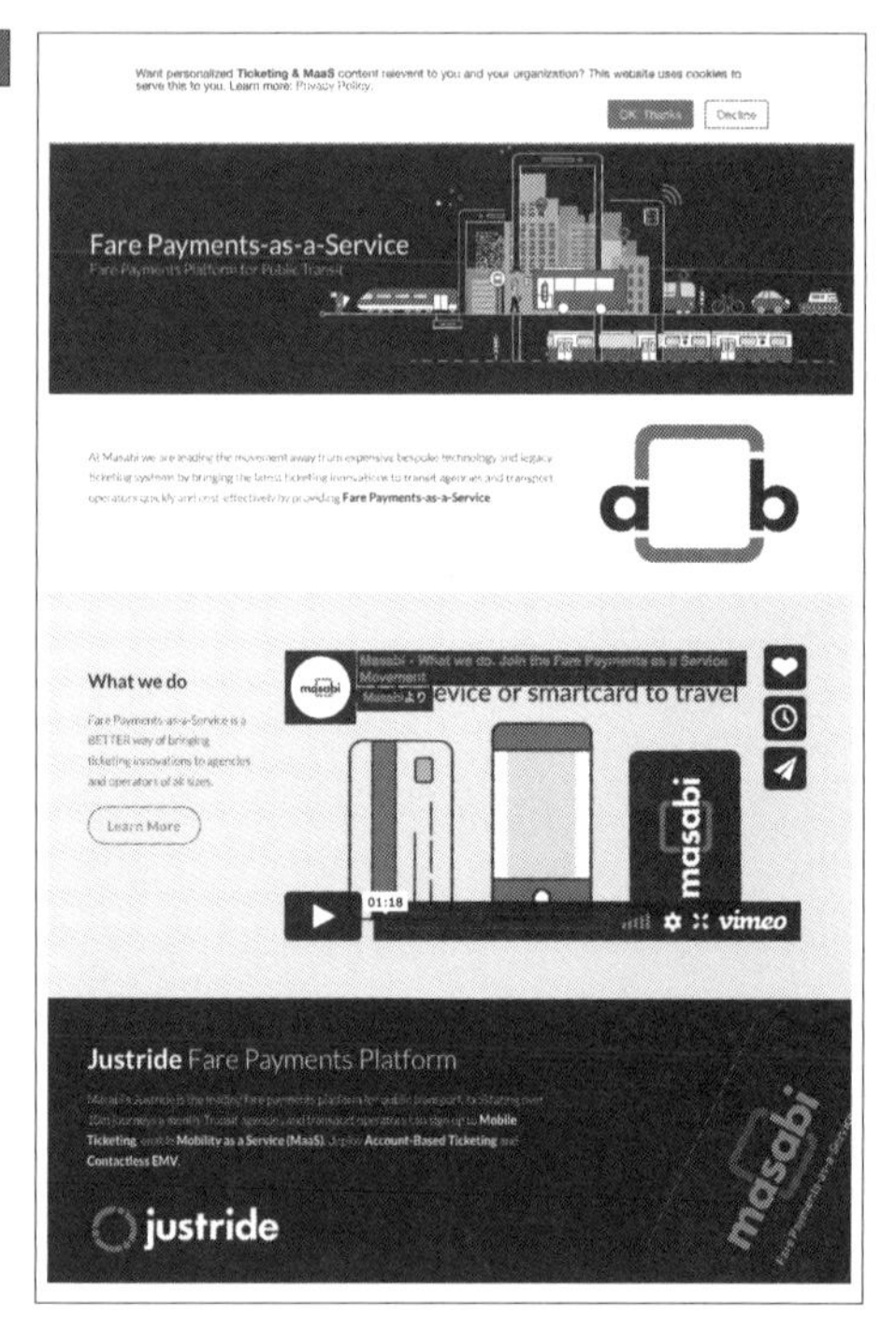

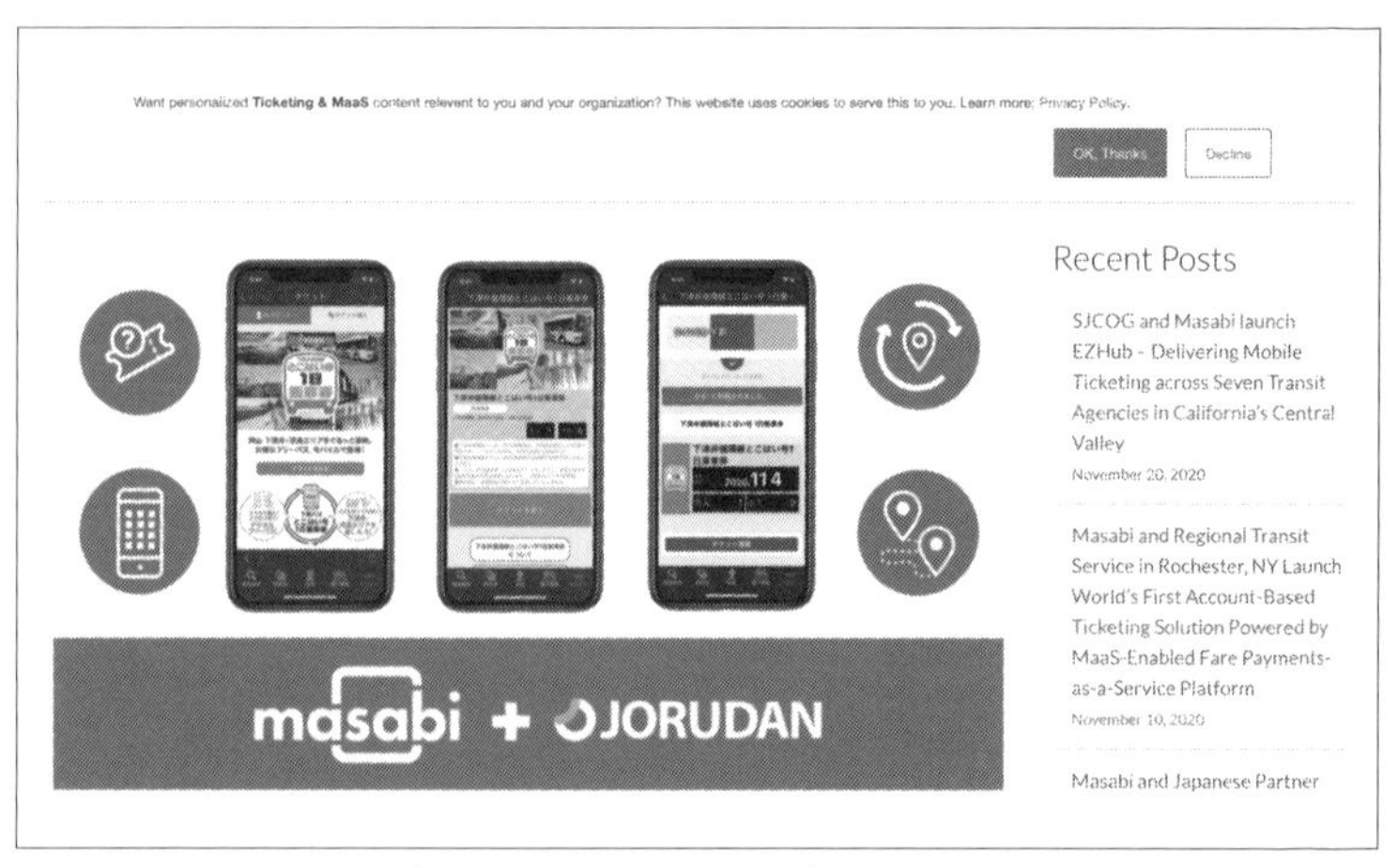

Masabi社のホームページ(https://www.masabi.com)。ジョルダンは、英国の公共交通チケットサービスを提供しているMasabi社と日本における総代理店契約を締結

第3章79〜82ページ

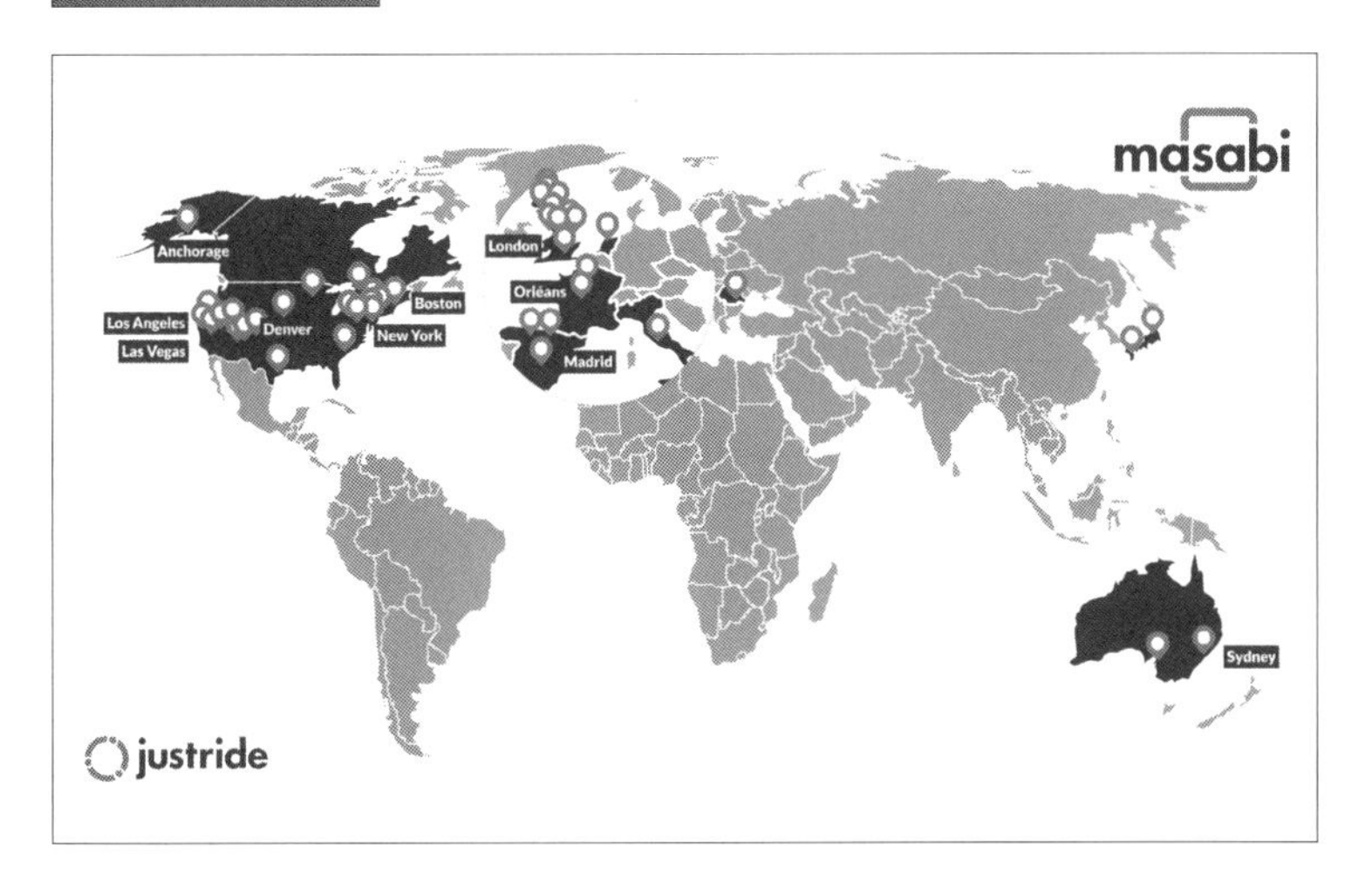

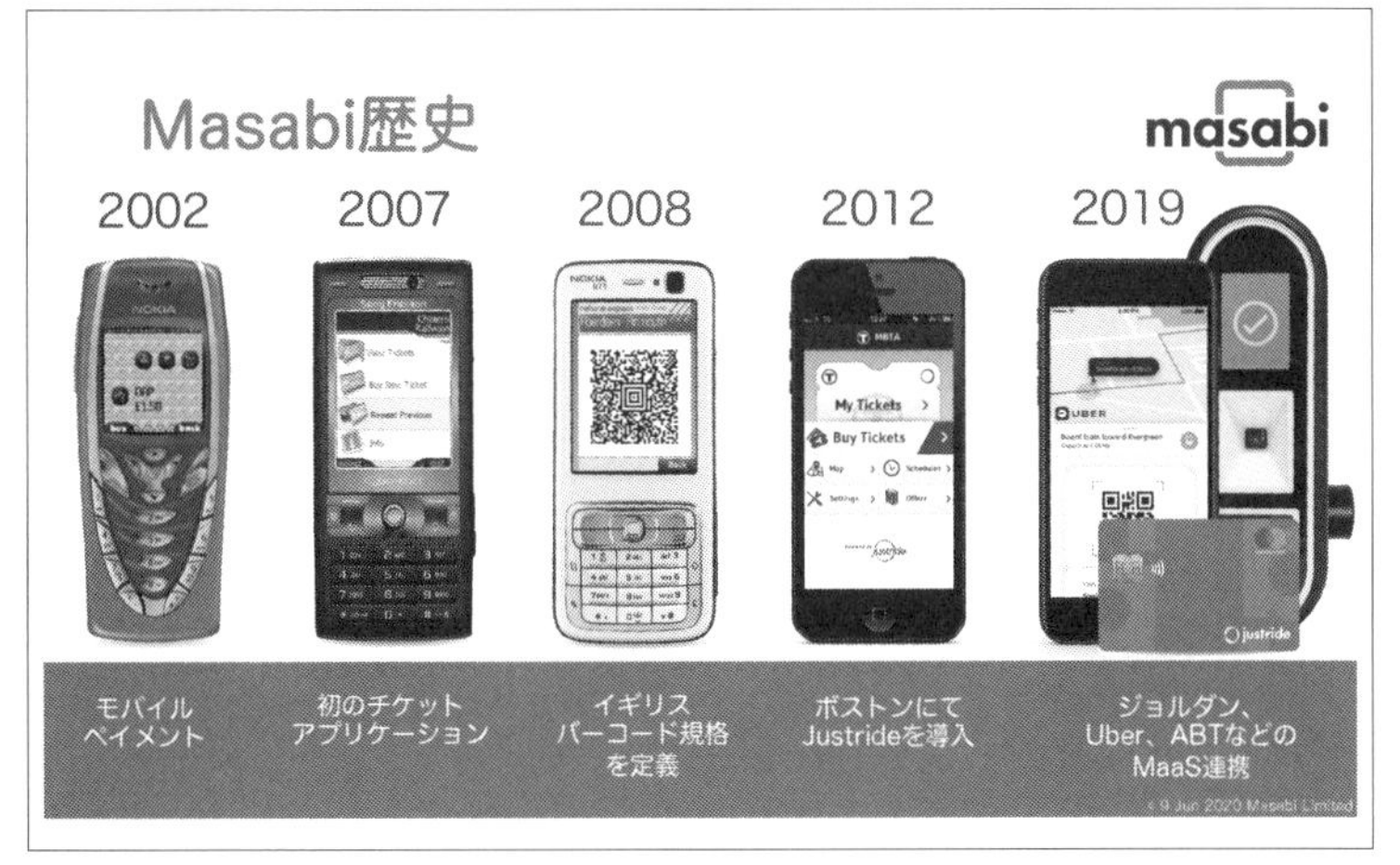

2001年に創業したMasabiは2012年にアメリカのMBTA(Massachusetts Bay Transportation Authority)にモバイルチケットを提供して以来、世界を舞台にサービスを拡大。ニューヨーク、ボストン、ラスベガス、ロサンゼルス、シドニー等の大都市を含む9カ国50カ所での実績

第3章83ページ

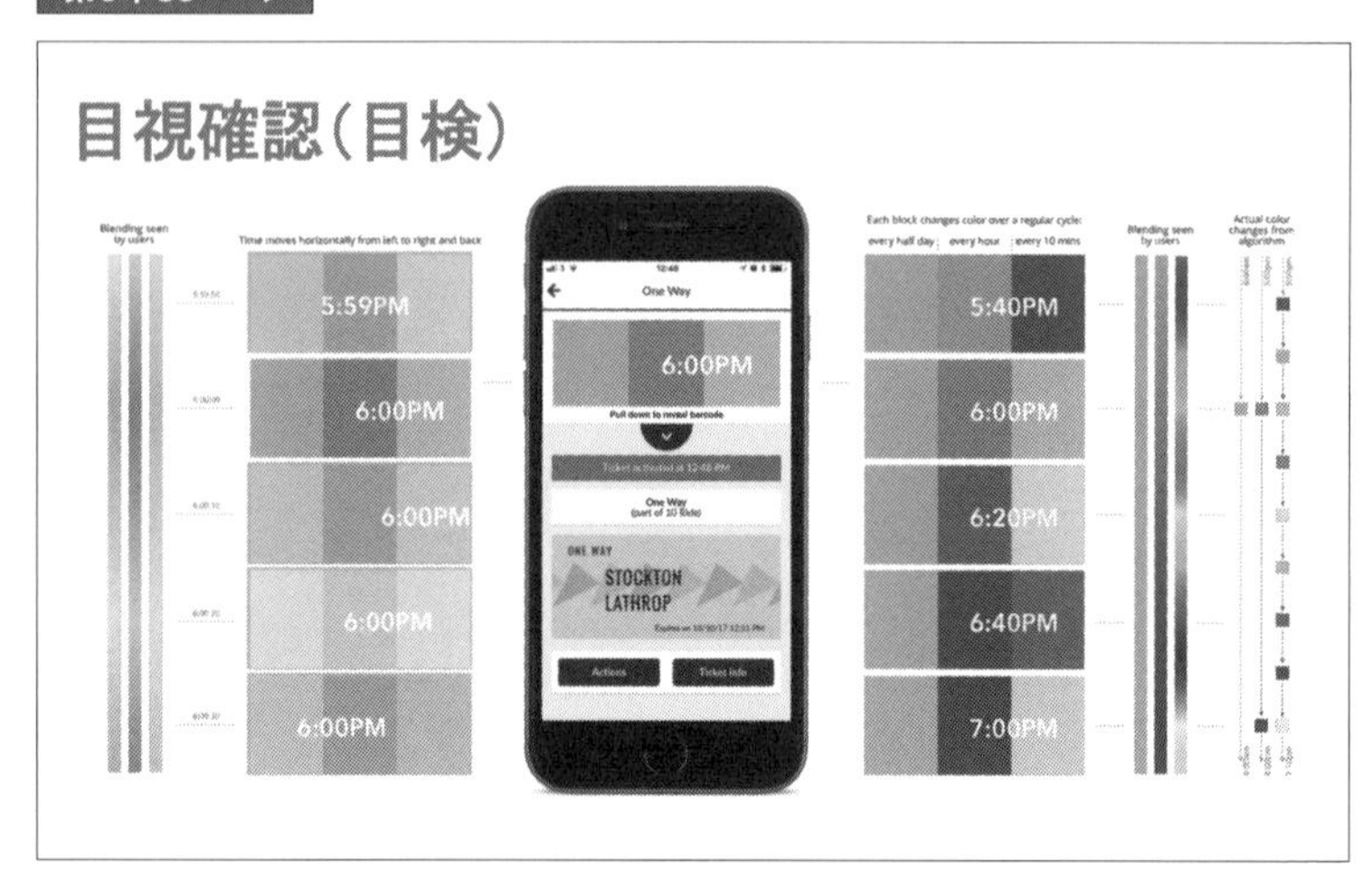

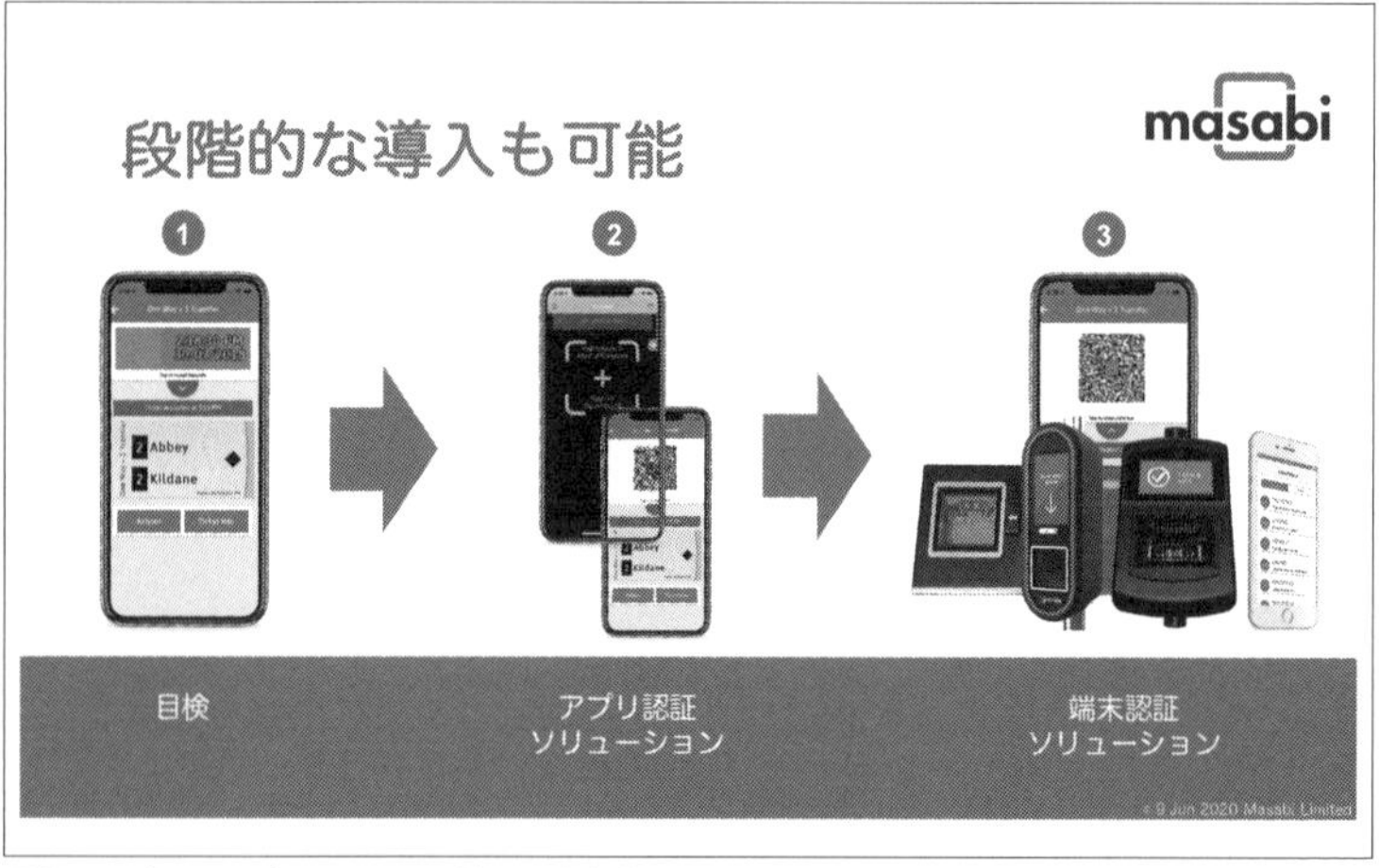

最初は目視タイプで運用を開始し、乗降客数が多い路線や駅から順に認証機を導入することも可能。時間ごとに変化するアニメーションになっており、複製は困難。セキュリティ面にも配慮

第3章88ページ、第5章127ページ

Masabi社のアジア事業開発担当責任者であるジャコモ・ビジェーロ氏（左）と、ジョルダン社長の佐藤俊和（右）でがっちり握手。「革命をおこしましょう」

セミナーの様子。熱心に聞き入るセミナー参加のみなさん。盛り上がった質疑応答の時間。認証機のデモを見るため集まった聴講者

ジャコモ・ビジェーロ氏は、憧れだった新幹線に初乗車。自動改札機にも興味深々

第4章

ラグビーW杯と愛知県豊田市

「メールにはこう書いてあった。「愛知県の豊田市*役所と申します、御社がきのう発表されていたモバイルチケットに興味がありまして、ぜひお話を伺いたいのですが……」

はじまりは一通のメールから

そんなメールがジョルダン宛に入ってきたのは、「Ｍａｓａｂｉと総代理店契約をし、モバイルチケットを開始する」というプレスリリースを発表した翌日のことだった。そのメールを見て即座に豊田市交通政策課に電話を入れたのは言うまでもない。

豊田市といえば、その地名の通り、トヨタ自動車が本社を置く街だ。住所は「愛知県豊田市トヨタ町1番地」となっており、世界中に進出した今も本拠地は

*豊田市
愛知県北部に位置し、1998年に中核市に指定される。トヨタ自動車が本社を置く地方都市として知られ、企業城下町とも言われる。市制の当初は、挙母(ころも)市で、59年に豊田市に改名。人口42万人。

変えていない。

世界に誇る企業の城下町から、公共交通機関を対象としたモバイルチケットへの問い合わせがあったことに少し不思議な思いも持ったが、先方では検討を急がなければならない理由があるとのことで、すぐに豊田市を訪れることにした。

まずは社内で情報を集めようと、全国のバス会社を飛び回って時刻表のデータを収集している公共交通部を訪ね、リーダーである井上佳国(よしくに)に話を聞いた。井上によると、豊田市は巨大自動車企業の城下町ではあるが、地域バスの事業者としても知られた存在なのだという。

三河弁で〝こちらへおいで〟を意味する言葉から名を取ったという「とよたおいでんバス」をはじめとしたバスを市が主体となって運行しており、市内中心部を走る〝おいでんバス〟だけで12路線、地域のコミュニティバスを合わせると、その数は20路線以上にのぼる。

井上が机の引き出しをごそごそ探って見つけ出した豊田市内のバス路線図を眺めてみると、名鉄三河線*の豊田市駅や隣接する愛知環状鉄道*の新豊田駅を中心として、市内の主要エリアへ放射状に路線が伸びており、それは市のコミュニティバスというレベルではなく、「豊田市交通局」といった雰囲気さえ感じられる規模だ。

路線図の裏面を見ると、おお、と思わず声を出してしまうほど市域が広い。北端は岐阜県、東端は長野県にまで接しており、そうした山間部の地域へも丁寧にバス路線を伸ばし、道筋には無数の停留所名が記されている。

「豊田市はこんなに広いのか」と驚きながら井上に聞くと、15年ほど前に6つの町村が市に合流した結果、面積が拡大し、その規模は東京23区の約1・4倍、大阪市と比べるなら約4倍の広さを持ち、おひざ元の大都市である名古屋市と比較しても3倍近くの面積に及ぶ。街の人口は42万3000人超だが、約9割がいわ

＊名鉄三河線
豊田市・猿投駅から碧南市・碧南駅を結ぶ名古屋鉄道（名鉄）の路線。前身は三河鉄道で、1950年代の配線変更で知立駅を境に猿投方面の北側を山線、碧南方面の南側を海線と通称するようになる。

＊愛知環状鉄道
愛知県などが出資する第三セクターの鉄道事業者。JR東海の特定地方交通線を転換した岡多線と、日本鉄道建設公団の建設線からなる路線の愛知環状鉄道線（愛環線）を運営している。略称は愛環。

ゆる市街地に住んでいるのだという。

トヨタ自動車のおひざ元だけにマイカーの浸透率は高そうだが、中心部に人口が集中していることを考えると、路線バスには一定の需要があるのだろう。そんなことを考えながら、同じチームの金子和枝とともに、名古屋駅から小1時間ほど地下鉄鶴舞線*に揺られた。地下鉄から名鉄の豊田市駅まで直接乗り入れているのはありがたい。

名古屋市の中心部まで電車一本で直通できる交通環境にありながら、一方で長野県境までを市域としている豊田市がいかに広大かがわかる。

豊田市駅近くの市役所で出迎えてくれたのは、当時交通政策課の鈴木満明さん。ＭａａＳという新しいキーワードに対して敏感に反応してきただけあって、市の将来を担うであろう若手職員のように見えた。ＭａａＳは自動運転の「モビリティ」も深く関係してくるので、トヨタ自動車の城下町を預かる行政マンとし

＊地下鉄鶴舞線
名古屋市・上小田井駅から日進市・赤池駅までを結ぶ、名古屋市高速度鉄道第3号線が正式名称。名鉄・犬山線を経由して犬山駅までと、名鉄豊田線・三河線を経由して豊田市駅までで、それぞれ相互直通運転を行っている。

て、交通業界の事情に詳しいのかもしれない。

「ラグビーW杯2019」訪日客への案内から

打ち合わせの第一声で飛び出してきたのが、街を訪れた外国人がバスに乗る際の多言語対応を急ぎたいという話だった。

「トヨタさんの街ですから、やはり海外から来られる方が多いんですね」

そんな言葉を返すと、

「それも確かにないわけではありませんが、ラグビーなんです」

ラグビー？　意外な返答に隣に座る金子と思わず顔を見合わせた。

「ラグビーワールドカップです、今年9月から始まり、この近くの豊田スタジアムも会場になっています。東京や横浜では日本の開幕戦とか、ニュージーランド対南アフリカ戦とかいい試合が組まれていますよね。うちもニュージーランドと南アフリカが来て、日本戦もあるんですよ」

「は、はい、そうなんですか。調布の味の素スタジアムとか横浜の日産スタジアムとか、ラグビーありますね……、そうでした、豊田スタジアム、サッカーの試合でよく見ていますが、客席とピッチが近くて非常に観やすい競技場ですよね。ラグビーでしたか」

都営新宿線の新宿三丁目駅に貼ってある「4年に一度じゃない。一生に一度だ。」とのコピーが記された巨大なポスターや、自宅に配られてくる「広報よこはま」での「決勝戦の地は横浜」などといった告知を必死に思い出し、ラグビーに関する会話を続けた。

今となっては、日本中で一大ブームを巻き起こした「*ラグビーワールドカップ（W杯）２０１９」を知らない人のほうが少ないくらいだが、開催の半年以上前となる２０１８年の冬時点では、ラグビー好きな層以外の認知度はきわめて低かった。

東京都の試合会場は都心から少し離れた調布市だし、私の住む横浜市でも住民向けにチケットの先行販売も行われていたものの、若干高額な入場料に申し込む気は起きなかった。大会スポンサーの関係で企業名が使えないため「味の素スタジアム」は東京スタジアム、「日産スタジアム」は横浜国際総合競技場と、普段聞きなれない会場名が使われていたこともあって、どこか現実味が湧いてこなかったのかもしれない。

豊田市は幸いなことに、サッカーの国際試合が行われる4万人以上収容可能な「豊田スタジアム」という正式名称の知名度が高く、ネーミングライツ（命名権）

＊ラグビーワールドカップ（W杯）２０１９
２０１９年に日本で開催された、アジア初の第9回ラグビーワールドカップ。サッカーワールドカップと同様に4年に1回開催される。開催都市は東京をはじめ全国の12都市で行われ、豊田市も豊田スタジアムで行われた。全試合の観客動員総数は約１７０万人。

も行っていなかったのでそのままの名前を使えたが、やはりサッカースタジアムとしてのイメージが強い。私自身も日本代表やJリーグ「名古屋グランパス」などの試合会場としての認識しかなかったのも事実である。

ラグビーW杯期間中、豊田スタジアムでは、9月23日のウェールズ対ジョージア戦を皮切りに、翌週には南アフリカ対ナミビア、そして日本中が大会に夢中となり始めていた10月5日には日本代表対サモア戦を開催。世界最強クラスのアイルランドに奇跡的な勝利を収めた次戦として、予選突破へ向けた重要な一戦となり、46%という瞬間最高視聴率を叩き出した。この試合をテレビで観ていた人は多かったはずだ。

そして、10月12日に優勝候補のニュージーランドが欧州で一定の実力を誇るイタリアと対戦し、豊田でのラグビーW杯は締めくくられるはずだったが、東日本一帯に大きな被害をもたらした「台風19号」の襲来で中止にせざるを得ないという予想外のハプニングが起き、最終的には予定されていた予選リーグ4試合のうち、3試合が行われている。

2020年冬の今となっては、北は札幌、南は大分まで試合会場となった各地に体格の良い外国人客があふれ、日本人は日本代表の予想外の躍進に熱狂した懐かしい思い出となっているが、2018年冬の当時は、ラグビーW杯を誘致した12の都道府県と、スタジアムを持つ地元自治体が中心となって住民向けに必死にPR活動を展開していた頃だ。

期間中には海外から20万人以上が訪日して開催期間中に長期滞在するのではないか、といった事前予測に期待と不安を交錯させながら、各自治体が懸命に受け入れ準備を進めていた最中に、私たちは初めて豊田市を訪れることになったというわけだ。

受け入れ側の豊田市でも未知の数となりそうな訪日客対応に焦りが見られ、市内中心部のバス路線での英語案内や、クレジットカードによる事前決済、さらには多数の訪日客に対するシティプロモーションとして、スタジアム以外に市内観光地への誘致など、「何とかしなければ」との危機感を強く感じた。

そんななかで見つけたのが、チケットの電子化をはじめとしたＭａａＳの取り組みだったという。【122～123ページ事例紹介】

企業城下町とは違う別の魅力を知ってほしい

多言語化をはじめ、公共交通機関のチケット電子化による事前決済や、観光施設や周辺飲食店を含めたスムースな連携などを行えば、訪日客はもちろん、それ以上にやってくる県内外からの日本人客に対しても効果的である、という豊田市の考え方を聞き、私たちと同じ方向を向いていることは間違いないと確信した。

その後も豊田市をたびたび訪れ、市内路線バスの「1日券」を電子化することや、スタジアムを訪れた観戦客に観光を楽しんでもらえるよう、市内にある「*豊田市美術館」や「*トヨタ会館」といった定番スポットだけでなく、市街地から離れた足助地区や稲武地区といった山間部の市内観光スポットの施設入場券などを1日券セットにした「フリーパス」を作ろう、という話が進んでいく。

今は豊田市となった足助地区だが、2005年までは愛知県東加茂郡に属する人口1万人弱の自治体で、*香嵐渓という紅葉スポットや、国の重要伝統的建造物が並ぶ街並みなど、愛知県周辺の人々には知られた観光地だ。

稲武地区も同様に2005年までは愛知県東加茂郡に属した自治体で、岐阜県恵那市や長野県根羽村との県境に位置し、こちらも紅葉スポットとなっているだけでなく、町内には「*どんぐりの湯」と名づけられた単純泉の温泉も湧いており、〝山里〟を体感できるホテルや観光旅館もある。

一方、誰もが知る企業城下町としての豊田市は、トヨタ自動車が運営する本社

＊豊田市美術館
1995年に開館した豊田市の公立美術館。かつて挙母城（七州城）のあった高台に谷口吉生の設計によって建設された。20世紀美術・デザインの収蔵と現代美術の企画展で知られる。また漆芸で有名な髙橋節郎館も併設している。

＊トヨタ会館
1977年にトヨタ自動車の創立40周年を記念して設立された企業博物館。トヨタの「ものづくり」の考え方や自動車関連技術を紹介していたが、2005年のリニューアル後は、環境・安全などへの取り組みや、最新技術なども紹介。

＊香嵐渓
豊田市足助地区にあ

併設の大型博物館「トヨタ会館」で体感することができる。同社の世界的な知名度からして、ラグビーW杯の訪日客にとっても興味深いスポットとなるだろうし、豊田スタジアムからの距離は5キロほどと交通のアクセスも悪くはない。

反面、同じ市内である足助地区や稲武地区は、愛知県民の知名度は高いが、遠方からの県外者にはまず地名を正確に読めるかどうか、といった認知度にあるように思われる。

私自身も豊田市を往来することになって初めて訪れたのだが、企業城下町としてのイメージとまったく異なる緑豊かな観光地であり、これらの地をアピールしたい豊田市の気持ちを十分に理解できるスポットだった。

市街地だけでなく、山間部の市内も含めて見どころが多く、路線バスによる公共交通機関も整備されている。さらには世界的なスポーツイベントで多くの来訪者が見込めるのだから、ＭａａＳの取り組みを行う地としては申し分ない。

る巴川の渓谷で、愛知高原国定公園の一角。紅葉やカタクリの花などが有名で、四季折々に彩られる香嵐渓に、毎年数多くの観光客が訪れる。

*どんぐりの湯
豊田市稲武地区にある道の駅「どんぐりの里いなぶ」内にある天然温泉の日帰り入浴施設。露天風呂や岩盤サウナ、薬湯、檜風呂など充実している。

私の上司である社長の佐藤俊和も、「交通機関の1日券を電子化するだけじゃ不十分だ。もっと周辺の観光施設や飲食店とコラボしてモバイルチケットを広げていこう。交通機関と街が連携してこそのＭａａＳなんだ。そうだ、誰か豊田市に常駐させよう。一気にやるぞ」などと、これまで以上に前のめりだ。

時を同じく動き出した北九州と費用の課題

確かに気持ちとしては私もそうなのだが、実はこの頃、豊田市と並行して九州の北九州市でも同じように路線バスのチケットを電子化する取り組みが始まろうとしていた。

ジョルダンが英国Ｍａｓａｂｉ（マサビ）社の総代理店となり、同社の提供するプラットフォーム（基盤）上でモバイルチケットを導入できる基本環境が整えられていたとしても、日本語や英語で豊田市に最適化させるための初期開発を行う必要がある。

導入したばかりで、今までまったく触れたことのないプラットフォーム上で開発を行うわけだから、それなりに時間を要することになるだろう。

開発を担当する研究開発部長の平井秀和にスケジュールと仕様書を見せると、「時間的に難しい」という言葉こそ飲み込んだものの、書類に目を落として長い間「うーん」と唸っていた。

そんな状態なので、豊田市と北九州市という二つのプロジェクトを同時進行させることができるのか否かが未知数だった。

また、交通機関だけでなく、各観光施設とのパッケージにした電子チケットを発売する場合は、紙のチケットとは異なるバーコードの読み取り方法など、さまざまな準備を行う必要がある。

交通機関という面でも市が運営する路線バスだけでなく、市内を走る名鉄バスの路線にも乗れないと、訪問者にはきわめて不便なので調整しなければならない。

何より、問題は初期の開発費用だ。たとえば、今1000円で売っている紙のチケットを電子化する場合、費用や経費を上乗せして1100円で売るというようなことをしてしまえば、利用者はみな現状のまま紙のチケットを買うことになるだろう。これは避けなければならない。

利用者のサービス向上が目的なので、行政機関で交通事業者でもある豊田市が初期開発の費用を負担する、というのが通常の流れなのだが、市民の税金を預かる行政としては、予算の執行には市民の代表者である議会の承認が必要だ。

半年ほど先の9月下旬にラグビーW杯の開催が迫るなか、すでに春を迎えてしまった今から予算化し、議会を通していては間に合いそうにもない。

「豊田市にとってチャンスなんです。何とかして実現させたいし、しなければならないんです」と市の鈴木さんは常に熱い思いをぶつけながらも、時間と予算の余裕がないことには頭を抱えている。その熱い思いにどう応えるか。すでに夕刻5時を回った市庁の廊下は人の行き来もなく、しんと静まり返っていた。

ＭａａＳの取り組みを一歩でも進めるためには、何がなんでも今、動かなければならないのは私も同じ思いだ。幾度も豊田市へ通ううちに、我が会社内のことよりも、街をこよなく愛する行政マンである鈴木さんの思いを叶えてあげたいとの思いが日に日に強くなっていた。同じチームの金子もそうだ。

法人営業部として稼ぎ出した予算を豊田市につぎ込めば、開発費の問題は解決できる――。

行政マンの純粋な熱い思いに対し、私のほうは若干悪知恵を働かせ、初期開発の費用をジョルダンで持つ、いや、部内の利益に吸収させてしまうことを考えついた。

しかし、今は数字を操作する時間的な余裕さえないのが悲しいところ。もう仕方がない。社長に直球勝負で報告してみた。

「結川、そんなことより、モバイルチケットの開発と豊田市内の周辺施設で営業はどれくらい進んでいるんだ、間に合うんだろうな?」

意外なことに、初期開発費用を負担する件は見事に〝スルー〟された。

経営者が数字についてとやかく言わなくなり、信念で突き進むプロジェクトほど部下にとって怖いものはない、と後に知ることになるのだが、とにかく初期開発費の件をクリアできたことに安堵した。

両手を差し出して握手しながら感謝の言葉を述べる豊田市の鈴木さんとともに、今後のスケジュールを組みながら、新宿三丁目のジョルダン社内に戻れば、窮屈な開発日程に顔色の優れない研究開発部長の平井とモバイルチケット開発の現状を確認しつつも、社長室の前は急ぎ足で通り過ぎ、遅れ気味となっているスケジュールの現状報告を求められる前に豊田市へと急ぐ日々であった。

市と議論を続けた結果、ジョルダンと豊田市はＭａａＳの取り組みとして、ラグビーW杯の期間中に市内で次のモバイルチケットを発売することに決まった。

【122～123ページ事例紹介】

豊田市内路線バスの1日共通乗車券（おいでんバス・名鉄バス）をモバイルチケット化し、周辺施設の優待クーポンを付けた「とよた1ＤＡＹパス」（1000円）

市内路線バスの1日共通乗車券に加え、市内飲食店でのランチ券や観光施設の入場券、クーポンなどをセットにした「ＥＮＪＯＹとよたパス」（２５００円）発売開始日は２０１９年８月28日で、豊田市でラグビーW杯の試合開催月である９月と10月の土曜日・日曜日・祝日にのみに使える形だ。

多言語乗換案内アプリでも同時に実装

これらモバイルチケットの購入は、ジョルダンの「乗換案内」アプリと、２０１７年からジョルダンが13言語で提供しているインバウンド向けの多言語乗換案内アプリ「Japan Transit Planner（ジャパン・トランジット・プランナー）」*上から行えるようにした。

*Japan Transit Planner（ジャパン・トランジット・プランナー）
ジョルダンが提供する「乗換案内」の多言語バージョンで、日本全国の鉄道・飛行機を利用した経路・運賃を検索するサービス。インバウンド向けの乗換案内アプリとして注目されている。

「乗換案内」や「Japan Transit Planner」のアプリを使っていない人にとっては、購入のためにアプリをダウンロードする必要があるが、われわれ提供者側としては、ラグビーW杯観戦や観光時以外でも、「乗換案内」は日本国内での移動時に役立つのではないか、との思いがある。もちろん、アプリは豊田市内のバス路線の時刻表示や検索にはすべて対応している。

訪日客向けのアプリ「Japan Transit Planner」では、JR線にフリーで乗車できる外国人向けの「JAPAN RAIL PASS（ジャパン・レール・パス）」*を考慮した経路を表示するなど、日本滞在中のナビゲーターとして重宝するはずだ、と考えた。JAPAN RAIL PASSでは新幹線の「のぞみ」に乗れないことなどに考慮した経路検索にも対応している。

ゴールとなる枠組みは決まったのだが、8月28日の発売日までに日本語版と英語版のモバイルチケット4種類を社内で開発し、バスに乗れるだけではなく、周辺の観光地や飲食店といったモバイルチケットで使えるクーポン対応店を開拓し

＊JAPAN RAIL PASS（ジャパン・レール・パス）
訪日外国人旅行者を対象に、JRグループ6社が共同して提供する特別企画乗車券。日本全国を鉄道で旅行して回るのに便利で経済的なパス。グリーン車用と普通車用の2種類がある。

なければならない。

残り4カ月、豊田市や観光協会の呼びかけで説明会の機会を設けてもらい、モバイルチケットに参加するメリットや重要性を説き続けたが、参加してくれる施設や飲食店はまだまだ足りない状況だった。目に見える「モノ」がなく、初めてのことなので、実感を持ちづらいとの背景もあるだろう。

毎日が〝作戦会議〟、社内の熱も上昇

モバイルチケットの進捗が滞るなか、ジョルダン社内ではついに社長がしびれを切らし、自ら先頭に立って毎日〝作戦会議〟を開くことを宣言。われわれ豊田市に関わる社員は日々社長室に呼ばれ、進捗状況の報告後には社長から「どうなっとるんだ！」といった熱く長い檄を日夜飛ばされるまでに追い詰められていた。

一方、同じチームの金子やグルメチームの富田寛朗（ひろあき）は豊田市内のビジネスホテルに泊まり込み、これだ！ と思った店に飛び込んで、「モバイルクーポン*って何？ 紙でいいんじゃないの？」という反応を幾度も聞きながら、1店でも多く参加してもらうよう、初夏の街を歩き続けていた。

一方、中心部の飲食店などには、趣旨を説明しなくても「モバイルクーポン」と言っただけで意味を理解し、「iPhoneで読み取りはできますか？」「来訪者のデータがわかるのはいいですね」など、すぐに参加を決める店主もあったが、満足できる数を集めるだけの時間が足りない。

発売開始の2カ月前となる6月26日には、豊田市と共同でニュースリリースを出し、モバイルチケットの販売を8月28日に始めることを銘打っていたが、開発現場では苦戦が続いており、発売日の5日前になっても不具合が出ているような状態だ。

＊モバイルクーポン
スマートフォンで利用できるデジタルクーポンのこと。従来の紙のクーポン券のように印刷の必要もなく、紙片が紛失する心配もない。

先頭に立って全速力で突っ走ってきた社長でさえ、深夜には「もう、発売日をずらしてもらおう。結川、豊田市さんに謝ってきてくれ、すまん」と弱気な言葉をつぶやくまでに追い詰められていた。

私も謝罪のために豊田市へ訪れる準備を進めていたときだった。最終盤で開発部隊が意地を見せ、発売の2日前にモバイルチケットをすべて完成させることができた。嬉しい、と思うよりも、その場にへたり込みたいくらいに、ほっとしたのも事実だ。

初めて本格的MaaSの取り組みへ、一歩を踏み出す

「とよた1DAYパス」と「ENJYOYとよたパス」は無事、発売日の8月28日に購入できるようになった。私は謝罪という重要な任務をこなす機会はなくな

り、現地で不具合が起きないことを見守るだけとなった。そして、発売日にはいち早く自分で購入できたことを確認し、少しだけ安堵したことを覚えている。

ただ、結果から言うと、豊田市への来訪者にモバイルチケットが高い人気を集めた、という理想的な結末を得られたわけではない。

W杯の試合日前後には、会場の豊田スタジアムや、近接するスカイホール豊田に設けられた「ファンゾーン」に国内外から観戦者が大挙して押し寄せ、W杯期間中に豊田市が大きく賑わったのは事実だ。

だが、訪日したラグビーファンの多くは、スタジアム近くの市街地やファンゾーンでビールを片手にファン同士で交流するという文化を持っており、観光にはそれほど重きを置いていなかった。

試合観戦が第一目的で、その次に重要なのが飲んで語り合う、ということだった。確かに飲食店のビール在庫を逼迫させるほど飲んでいては、観光へ出かけることも難しいだろう。

また、ラグビーW杯の期間中は、豊田市内のホテル不足もあって、国内観戦者の多くも、市内でゆっくり観光できるだけの滞在時間を取ることが難しいようだった。1時間で名古屋市内まで往来できる交通環境なので、試合時間に合わせて、無駄なく訪れる人も目立った。

結果として、「とよた1DAYパス」と「ENJOYとよたパス」の販売は、2チケット合わせて300枚に満たない数字となり、会社としては大きな損失となったが、初めて本格的にMaaSの取り組みを行い、一歩を踏み出せたことで、大きな自信が得られたのは確かだ。【122〜123ページ事例紹介】

「ご苦労さんだったな」とポンと私の肩を叩いて社長室へ消えた佐藤もどこか満足そうで、今回の収支について何一つ言わなかった。

何より、この頃には次から次へとモバイルチケットの導入地域や検討を始める企業が急速に増えていて、ジョルダン社内でも、とにかく先へ進む以外に選択肢がなかったのかもしれない。

第4章105〜120ページ

豊田市とジョルダン：新たなモビリティサービスで業務連携協定を締結。太田稔彦豊田市長（左）、ジョルダン社長・佐藤俊和（右）

バスの車内（右）にポスターを貼ってPR

第4章105〜120ページ

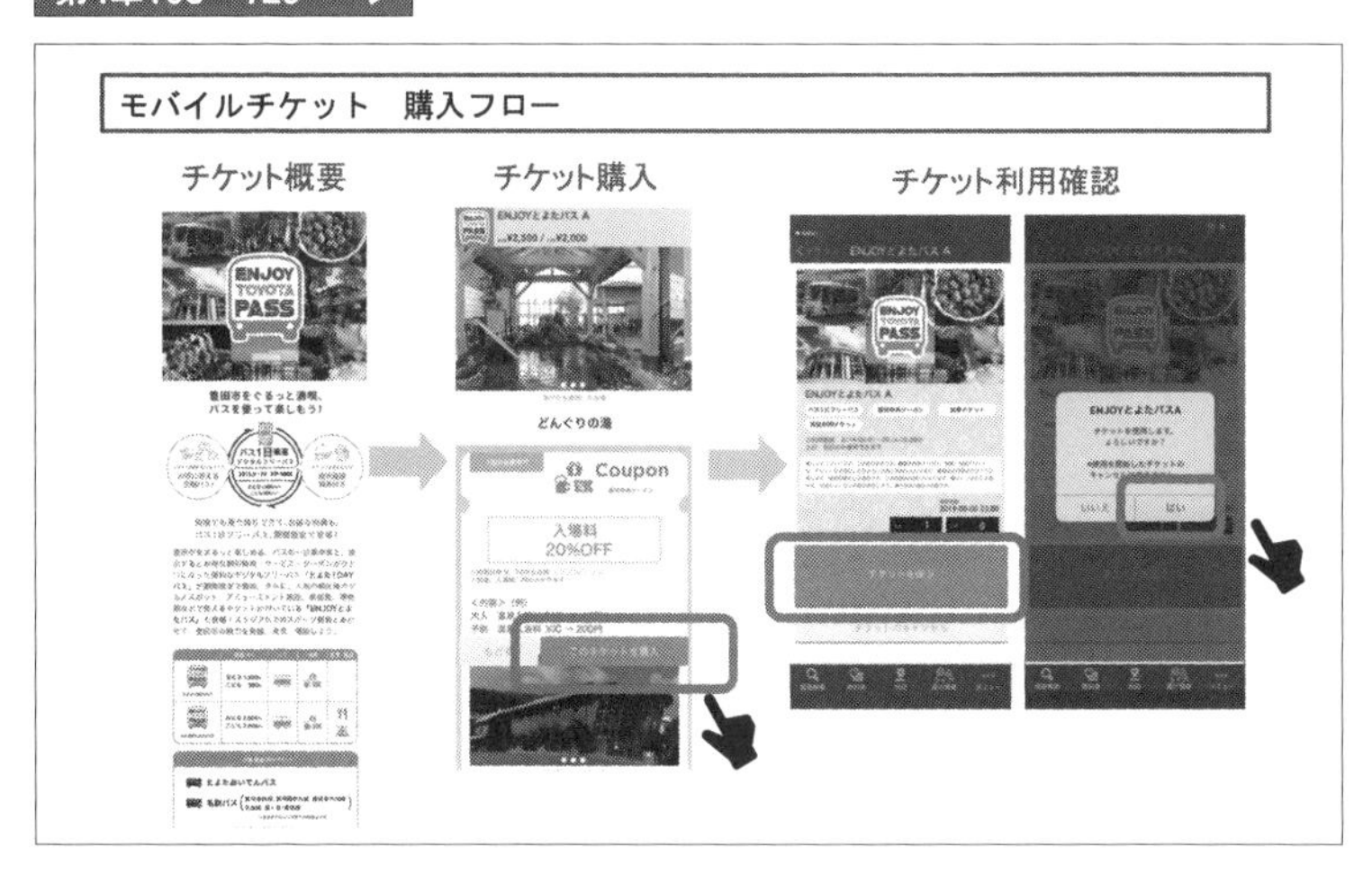

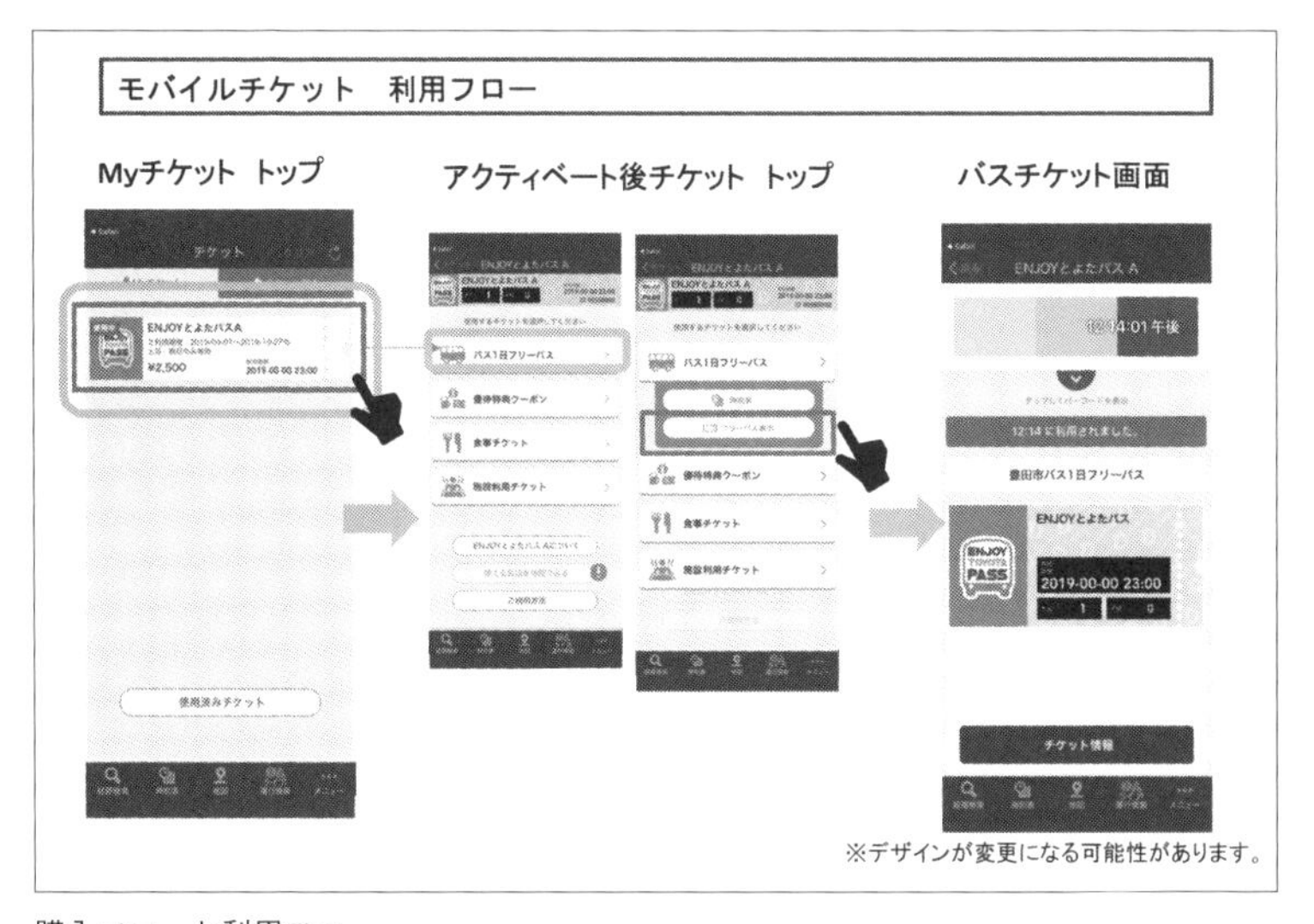

購入フローと利用フロー

第5章

北九州、大分、日光、松山、大阪、飯能、そしてMaaSの未来へ

「おい、普通に使えたぞ、よかったよ……本当に」
「やりましたね！　運転手さん、スマートフォンを見てちゃんと確認してくれましたね」

事例が事例を呼び、検討事業者は二桁に

福岡県第二の大都市である北九州市。洞海湾（どうかいわん）*に近い若松営業所のバス停前で、冬の弱い太陽が照りつけるなか、〝覆面調査〟に参加した金子和枝とスマートフォンを片手に静かに喜んだ。

ジョルダンの「モバイルチケット」が販売される前夜から小倉駅近くに泊まり込み、朝一番のバスに乗って実際にモバイルチケットを運転手に示し、無事に使

*洞海湾
北九州市の北西部にある幅数百メートル、長さ約10キロの細長い湾。北九州工業地帯や北九州港があり、大規模工場が立ち並ぶ。沿岸部は八幡製鐵所の操業で工業が発達し、沿岸部は大半が埋め立てられ、工業用地・港湾として利用されている。

えるかどうかを試してみたのだった。

英国企業のＭａｓａｂｉ（マサビ）社の技術を導入し、ジョルダンが日本でモバイルチケットの普及に向けて本腰を入れ始めたことは、２０１９年3月26日に東京・八重洲で記者会見を開き、世の中に知らせた。

「5月からモバイルチケットを開始する」と大々的にぶち上げ、同じ日には全国からバスなどの交通事業者を招いた説明会も行っている。

記者会見と説明会では、社長の佐藤俊和をはじめ、私も含め事業担当者４人が入れ替わり立ち替わり登壇。さらにはＭａｓａｂｉ社からもアジア事業開発担当責任者のジャコモ・ビジェーロ氏が来日し、満員となった会場で記者や交通事業者を前に、モバイルチケットの将来性をプレゼンテーションした。【93ページ事例紹介】

注目のキーワードとなりつつあったＭａａＳへの取り組みということで、メディア各社も好意的に取り上げてくれ、説明を聞いて興味を持ってくれる交通事業者も多かったのだが、実はこの時点で実際の「モバイルチケット」は完成していない状態だった。自信満々のプレゼンとは裏腹に、会見の場には〝モノ〟がなかったわけだ。

すでに水面下では、愛知県豊田市や北九州市で導入へ向けて動いていたが、開発状況は芳しくなく、豊田市では観光地や飲食店での対応がなかなか進まないなどの難問が出てきたうえ、北九州市では行政や交通事業者との調整が難航していた。

九州の政令指定都市である北九州市で、ジョルダンのモバイルチケットにいち早く興味を示していたのが、市営バスを運行する交通局だった。

交通局は、政令市の北九州市として合併する前に存在した「若松市」で発足した公営バスを前身とする。そのため、若松区（人口8万2000人超）を中心としたエリアの輸送という役割が強い。市内中心部の交通は、主に西鉄グループと北九州市が出資するモノレール「北九州高速鉄道」が担っている。

北九州市交通局の路線バスは、半世紀以上前に〝東洋一の夢の吊り橋〟とも称された「若戸大橋」（若松区と戸畑区を結ぶ全長約630メートルの大型吊り橋）を経由し、対岸にある戸畑区や小倉駅などの市内中心部へも乗り入れているが、主戦場は若松区と、隣接する八幡西区（折尾駅・黒崎駅など）の周辺で、民間バス会社との競合は比較的少ない。

そんな背景もあって、北九州市という巨大な行政組織のなかで運営されている公営バスながら、どこか独立心の強さのようなものを感じていた。

話し合いと調整に時間を要したが、北九州市交通局は「私たち市営バスとしては最初に話をしたジョルダンさんと一緒にモバイルチケットを進めたい」との結論を出してくれた。

ＭａａＳ推進の現場を担当する一人として涙が出るほど嬉しい言葉で、何がなんでも北九州市交通局でのモバイルチケット化を成功させなければならない、とあらためて決意して臨んでいたのだった。それだけに、初日の朝に始発のバスで実際にモバイルチケットが通用したことはたまらなく嬉しかった。降りる前に気づいたが、乗っていたバスの車内掲示は、モバイルチケットのポスターが一面に掲載されていた。北九州市営バスの本気度を肌で感じ、われわれは非常に身の引き締まる思いであった。

２０１９年の６月に北九州市交通局とジョルダンが協業したことを公表してから、「北九州市営バス１日乗車券」のモバイルチケットを発売するまでには半年ほどの時間を要したが、発売後は７００円の１日乗車券をモバイルチケットで買う人が増えているという。【１４８ページ事例紹介】

小倉駅などの中心部と若松エリアは若戸大橋を渡らなければならないなど少し距離があるため、運賃は片道で370円ほどかかる。往復するなら1日券のほうが割安になるという環境もあって、通勤や仕事でのバス利用者の日常にモバイルチケットが溶け込みつつあり、MaaSの未来を感じさせられる。

モバイルチケットの導入によって、チケットを表示した場所が把握できるほか、購入状況やどのあたりに人が多いのか、といった細かい利用者データが取れるようになったので、今後のバス運営にも生きてくるだろう。細かなデータ活用による需要予測もMaaSの重要な要素であるからだ。

その後、ありがたいことに、土日休日に利用できる「北九州市営バス土休日家族割乗車券」や2020年11月からは、新たにグループ券も追加となった。

◇

一方、愛知県豊田市が「ラグビーワールドカップ（W杯）2019」での訪日客や県外客の対応を検討したことを機にモバイルチケットを導入したように、同じく会場となっていた大分県のバス事業者「大分バス」でも導入に強い関心を持っていた。

大分市は、「昭和電工ドーム大分」*と呼ばれている「大分スポーツ公園総合競技場」がラグビーW杯の試合会場となっており、10月2日からの予選リーグ3試合だけでなく、準々決勝の2試合も含め計5試合が開かれた重要会場だ。決勝トーナメントを首都圏以外で行ったのは大分が唯一である。

大分空港から同競技場へは、1試合あたり3万5000人近い観戦客をバスで運ぶ必要があった。

大分バスは、空港アクセスバスとして、佐伯・臼杵方面行きの「佐臼（サウス）ライナー」を大分交通との共同で運行しているほか、大分市内ほぼ全域に多

＊昭和電工ドーム大分
大分県大分市の大分スポーツ公園に1998年に完成した大分スポーツ公園総合競技場。2002年FIFAワールドカップや国体などに使用されている。19年より県内で大分コンビナートを操業する昭和電工が命名権を取得し、「昭和電工ドーム大分」となった。Jリーグの大分トリニータのホームスタジアムでもある。

くの路線を持っている。

同社では、ラグビーW杯の試合が行われる10月の1カ月間にわたって、市内の1日券「1日乗車券ワイド」（1120円）に加え、1日乗車券ワイドに飲食店・観光施設の優待券が付いた「おおいた1DAYパス」（1300円〈2019年11月からは現在の価格1200円〉）をモバイルチケットの形で発売。飲食店や観光施設は、大分市のほうにも協力いただき、1軒1軒にモバイルチケットを紹介し、加盟店開拓を行った。

ジョルダンにはグルメ事業部やクーポン事業部という部署があり、加盟店開拓のノウハウはある。しかし、モバイルチケットという未知のサービスに対して、協力いただける店舗を見つけることに非常に苦労したと聞いている。そのようななかでもたくさんの店舗にご協力いただいている。本当に頭が上がらない思いでいっぱいだ。嬉しいことに、ラグビーW杯を終えたあとも販売を続けており、現在はJリーグの試合観戦者がスタジアムを訪れる際にも利用されている。

日本中がラグビーW杯に熱狂した2019年を終え、今度は東京でのオリンピックとパラリンピックの開催を控えた2020年になると、ジョルダンのモバイルチケットに対する期待も加速した。

首都圏の交通事業者からも声が掛かるようになり、2020年2月には、栃木県の一大観光地「日光」を拠点に日光市内の鬼怒川温泉や湯西川温泉などに路線を伸ばす日光交通がモバイルチケットを導入した。【148ページ事例紹介】

同社は、市内のテーマパーク「日光江戸村」やミニチュアパークの「東武ワールドスクウェア」から、鬼怒川温泉や川治温泉、湯西川温泉といった観光地のバス路線を対象とした「鬼怒川・江戸村・湯西川2日間フリーパス」（2800円）を発売し、今も温泉観光客を中心に活用されている。

伊豆諸島の八丈島で島内移動を担う八丈町営バス*や、鹿児島市内の路面電車や

＊八丈町営バス
東京都八丈町の八丈町企業課運輸係が運営する公営バス。八丈島全島で、路線バスと貸切バスを運行している。観光客向けに、路線バスと八丈島温泉のフリーパス「BU・SU・PA（バスパ）」も販売されている。

路線バスを運行する鹿児島市交通局など、モバイルチケットの導入を検討する全国の事業者は、北海道から九州まで二桁にのぼっており、各地で調整と開発作業が進んでいた。【148ページ事例紹介】

2020年2月には阪急梅田駅や地下鉄の中津駅に近いビルに関西の営業拠点を本格稼働し、西日本エリアでのMaaS普及に向け、大阪を拠点に各地を走り回る体制を整えつつあったのだが……。

コロナ禍も機能強化の作業に没頭

2020年2月3日、乗客の一部が「新型コロナウイルス」に感染していたことが判明したクルーズ船「ダイヤモンドプリンセス」*が横浜港に入港。検疫と隔離でクルーズ船の乗客が下船できない状態となり、大きなニュースとして、日本全国に「横浜」の名が拡散されていた。

***ダイヤモンドプリンセス**
英P&O社が所有し、米プリンセス・クルーズ社が運航している外航クルーズ客船。客室総数は1337室。2020年2月に新型コロナウイルスの船内感染が発覚し、横浜港で長期検疫態勢に入り、その後、感染者数が増え続け、3711人の乗員乗客のうち、712人が感染した。

私も横浜市民の一人ではあったが、テレビを通じ流れるクルーズ船や港は、どこか遠い出来事のように感じられ、新型コロナウイルスの猛威も、中国の一地域での災禍にしか思えていなかったのも事実だ。

他人事ではないと悟ったのは、その月の終わり、政府から全国の小・中・高校に休校要請が出され、イベントの多くが開催中止となった頃だった。国内での感染者数が1000人を突破し、著名人の死もあった。東京でのオリンピックとパラリンピックの延期が決定され、日本だけでなく、全世界がパンデミックの恐怖と向き合わされることになった。

2月と3月は、全国を飛び回って各地でモバイルチケットの導入準備を進めていたが、4月7日には首都圏で「緊急事態宣言」が出されたことで、以後は私たちの活動もほぼ止まった。

全国で外出自粛が求められ、移動自体が制限されるなか、交通事業者が苦境に陥るとともに、ジョルダンの「乗換案内」などのサービスでも利用者が激減。会社の柱となる事業自体が大きな危機に見舞われ、もうMaaSどころではなくなってしまっていた。そもそも、多くの企業人は出社自体を避けることを求められ、出張などもってのほか、という環境だ。

未知のウイルスへの恐怖感だけでなく、同じ場所で身動きできないということがこれほど辛いとは思わなかった。2月まで何度も訪れていた幾多の交通事業者の顔と街を思い浮かべてはいても立ってもいられず、その悔しさをチーム内でWeb会議を通じてぶつけ合った。

日本全国、いや全世界で移動に関わる事業者と同様に悪夢のような4月と5月を過ごすことになったのは、私たちジョルダンも同じだったが、外へ出られない、人と会えない状況は自分たちの力では変えようがないと諦め、ひたすらモバイルチケットの機能を強化するための作業に没頭した。

非常事態宣言下では、新たにモバイルチケットのサービスを始めることができなかったこともあり、リモートワークで新規機能の開発に真正面から取り組めたのは不幸中の幸いだったと言えるかもしれない。

新たに機能の拡充を図ったモバイルチケットのシステムを手に、私たちは首都圏で緊急事態宣言が解除となった5月25日から少しずつ活動を再開した。

〝病み上がり〟の日本国内で、各地を移動する需要はまだ戻っていなかったが、何よりＭａａＳの分野では、当初の利便性向上やシームレス（切れ目のない）交通連携といった目的に加え、感染対策による交通機関のキャッシュレス化という面がより注目が集まっていた。

実際に欧米では、現金による運賃収受をなくしたい、とモバイルチケットの導入を希望する交通機関が急増した結果、英国のＭａｓａｂｉ社には世界中から導入要請が相次いで舞い込み、読み取り端末の調達が追いつかないと悲鳴を上げている。

キャッシュレスはＭａａＳを構成する一つの要素にすぎないが、世界的に新型コロナウイルスが猛威をふるったことで、ウイルスの付着が懸念される硬貨や紙幣をできるだけ使わないための取り組みを進めようとの機運は、日本でも高まっていた。

伊予鉄から始まったコロナ時代に即したＭａａＳ

緊急事態宣言が全国で解除された6月、関西営業部長として2月に赴任した林和憲は大阪から愛媛県の松山市を頻繁に訪れ、春以降に動きが止まっていたモバイルチケット化の取り組みを急ピッチで進めていた。

松山市に本社を置く「伊予鉄グループ」の交通事業である伊予鉄道の電車や伊予鉄バスの路線バスに、モバイルチケットを導入するためだ。

伊予鉄道は、松山城や道後温泉など市内中心部の主要道路上を走っている路面電車（地元では「市内電車」と呼ばれる）が特に有名だが、松山観光港に近い高浜や、東温（とうおん）市、伊予市などを結ぶ３つの「郊外電車」も運行している。路線の総距離は43キロ超と、関西で言えば阪神電鉄くらい、関東では京浜急行や京王電鉄のちょうど半分くらいと、それなりの規模を持つ。

また、伊予鉄バスでは、松山空港と市内中心部を結ぶリムジンバスをはじめ、高速バスなど松山市を中心としたエリアに３０００キロ以上のバス路線を伸ばしている。

ＪＲ松山駅をはじめ、松山空港や、広島方面への高速船などが発着する松山観光港などへのアクセスを一手に担っており、松山を訪問した際には何かと世話になることが多い公共交通と言える。

同グループでは、市内電車が乗り放題となる「市内電車１~４Ｄａｙチケット」（７００円~１６００円）と、伊予鉄の電車と路線バスのすべてに使える「ＡＬＬ ＩＹＯＴＥＴＳＵ（オール伊予鉄）１~４Ｄａｙ Ｐａｓｓ」（１８００円~４５００円）という紙チケットで発売しているフリー券をモバイルチケット化するとともに、現金での利用が目立つ松山空港リムジンバス乗車券（６３０円~）もモバイルチケットとして発売した。【１４９ページ事例紹介】

従来、リムジンバスの乗車券は、券売機で購入することが必要であったが、松山空港到着後の券売機前はどうしても混雑してしまう。新型コロナウイルスで混雑回避をする手段としても、モバイルチケットは有効となっている。

これらは「伊予鉄ＭａａＳ」と名づけて8月にスタートし、松山を訪れる観光客は紙のチケットを購入しなくても、スマートフォン上での決済で市内ほとんどの場所へ移動できる形となった。

現金や紙チケットへの接触をなくしたことは、新型コロナウイルス時代に即した取り組みであるだけでなく、四国初の鉄軌道・バス活用の本格的なＭａａＳとしても注目を集めている。

道後温泉や松山城を訪問する際には、乗換案内アプリで経路を検索するとともに、モバイルチケットも活用してみてほしい。

スマートシティとジョルダンが見据える未来像とは？

一方、大阪を拠点とする林が次に取り組んでいたのが、地元の大阪府との連携協定だ。

*大阪・関西万博
2025年に大阪市此花区の夢洲で開催される予定の国際博覧会。総合的なテーマを扱う大規模博覧会として実施される予定で、1970年の大阪万博と区別するため、「大阪・関西万博」という名称になった。

２０２５年５月に「大阪・関西万博」の開催を控える大阪府では、ＩＣＴなどの先端技術を活用して都市課題の解決や都市機能の効率化を目指す「スマートシティ」の取り組みを加速している。

２０２０年３月には、方向性や実践的な取り組み内容を示した「大阪スマートシティ戦略～e-ＯＳＡＫＡを目指して」を策定したところだ。

戦略では、住民の生活の質（ＱｏＬ）の向上を最大の目的とし、２０２５年大阪・関西万博の開催を追い風としながら、都市課題解決の先導役として存在感を示していくためにも「大阪モデル」のスマートシティの確立・先端技術を活用することで、住民が笑顔になる大阪の実現を目指している。

ジョルダンとしては、こうしたスマートシティ戦略に共感し、大阪府内の利便性向上に寄与する技術の提供など、何らかの形で役に立てるのではないかと考えていた。

＊スマートシティ
IoT（モノのインターネット）の技術を用いて、基礎インフラと生活インフラのサービスを効率的に管理・運営し、環境に配慮して人々の生活の質を高め、継続的経済発展を目指す新しい都市のこと。

特に交通データ面では、府内の28区市町で独自に運行されているコミュニティバスの時刻表データ収集を急ピッチで進めているところで、こうしたデータを府内での交通課題解決および利便性の向上に役立ててほしいとの思いもある。

7月21日には大阪府庁で吉村洋文知事*から社長の佐藤俊和に協定書が直接手渡され、大阪府とジョルダンは、交通データの標準化やオープンデータ化といった分野で正式に事業連携協定を結ぶことになった。【150ページ事例紹介】

現在、高齢化が進む交通不便地域での利便性向上の取り組みなど、私たちができることは何なのかを大阪府とともに考え続けているところだ。

首都圏でも始まった複合型MaaS

*吉村洋文知事
大阪府知事、日本維新の会副代表、大阪維新の会代表。九州大学法学部卒。弁護士。大阪市会議員を経て衆議院議員、大阪市長を経て、19年に大阪府知事に就任。20年の新型コロナウイルス感染症対策では、大阪独自の積極的な対応で高い評価を得る。

本書内では、2020年になると私の登場が極端に少なくなっている。これは、ジョルダンのモバイルチケットへの需要が高まり、社内チームのメンバー全員で動かなければとても対応できない数になってきたためで、決して社内で居場所がなくなったわけではない。コロナ後につなぐあいさつを兼ね、〝裏方〟として全国の交通事業者を飛び回っていたという事情もある。

そんななか、首都圏で中心的に動いている金子和枝から連絡があり、埼玉県の飯能(はんのう)市でMaaSの取り組みを始めていることを聞かされた。同地の観光施設と*シャトルバスで、モバイルチケットが導入されることになったという。

人口約8万人の飯能市は、中心となる西武鉄道池袋線の飯能駅から相互乗り入れする東京メトロの副都心線や有楽町線を通じ、東京都心まで直通の交通環境となっており、現在は東急東横線・横浜高速みなとみらい線へも直通し、横浜まで「電車一本」で結ばれている。土休日には元町・中華街と飯能や秩父を結ぶ有料座席指定列車も運行され、互いの沿線から観光客が行き交う。

***シャトルバス**
埼玉県の飯能駅・東飯能駅からムーミンバレーパークまで運行するシャトルバス。シャトルバスの往復乗車券とムーミンバレーパークの入場券、飯能市内の指定店舗で優待が受けられるクーポン券が販売されており、ジョルダンの提供するスマートフォンアプリで購入できる。

また、飯能市内でもう一つの主要駅となる東飯能駅では、ＪＲ八高線と接続しており、観光地として知られる川越方面へも一本でアクセスが可能だ。

都心部へ直通できる交通環境が整っている一方、人気漫画・アニメ『ヤマノススメ』の舞台にもなった登山・ハイキングスポット「天覧山」で知られるように、山間部には豊かな自然環境を持つことでも有名だ。

市の特色である自然を生かし、北欧の童話『ムーミン』の物語の世界を伝える「ムーミンバレーパーク」の誘致を進め、２０１９年3月には市内の人造湖「宮沢湖」周辺にオープンしていた。

飯能市および西武ホールディングスの協力のもと、首都圏各地から来場者の多いムーミンバレーパークでＭａａＳの取り組みができないか、と同パークを運営する「ムーミン物語」と、シャトルバスを運行する西武バス*や国際興業*、イーグ*

*西武バス
西武グループの大手バス事業者。埼玉県所沢市に本社があり、西武鉄道沿線を中心に、東京都区内北西部と多摩地域、埼玉県南西部にかけて主な営業エリアとしている。

*国際興業
バス事業を中心とする企業。創業者の問題など、さまざまな紆余曲折を経て経営再建を果たす。運輸・交通事業のほかに、ホテル・観光・レジャー事業、商事事業、流通事業、不動産事業など幅広く行っている。

*イーグルバス
埼玉県川越市に本社があるバス事業者。川越市や東松山市周辺など、埼玉県南西部

ルバスの各社とジョルダンが協業することになった。

飯能駅や東飯能駅からムーミンバレーパークのある「メッツァ（metsa）」を結ぶシャトルバス券と入園チケットに加え、飯能市内の飲食店などのクーポン券をセットにした「Meets! HANNO Pass（ミーツ飯能パス）」を9月14日から発売している。【151ページ事例紹介】

販売は始まったばかりだが、最初はチケットの存在を知っていただくところからのスタートだ。乗換案内アプリで、最寄り駅を起点とし、行先を「ムーミンバレーパーク」として検索すると、経路結果にチケットが表示される仕組みだ。日を追うごとに、少しずつ認知していただけるサービスになっているのか、数字は少しずつ上向きの状況だ。

を中心とした企業や学校の送迎バスや観光バスを専門としていたが、2003年から路線バス事業を開始した。

第5章130ページ

北九州市交通局
《2020年1月28日》

第5章134ページ

日光交通
《2020年2月6日》

第5章134〜135ページ

鹿児島市交通局
《2020年8月1日》

モバイルチケットの導入は現在も全国で相次ぐ。2020年冬の現在では全国20カ所以上で検討が進んでいる

第5章141ページ

伊予鉄グループ《2020年8月25日》
松山空港などに到着した際、購入場所を探したり、券売機などに並ぶ必要がなくなり、乗車券が購入でき、スマートフォン上の乗車券画面を見せるだけで乗り降り可能。フリー乗車券の購入により、いよてつ髙島屋大観覧車「くるりん」を無料で利用できる。対象チケット「市内電車 1～4Dayチケット（大人・小児）」「ALL IYOTETSU 1～4Day Pass（大人・小児）」「松山空港リムジンバス乗車券（大人・小児）」

第5章143〜144ページ

2020年7月21日の記者会見。大阪府の吉村洋文知事(左)とジョルダンの佐藤俊和(右)。大阪府とスマートシティ推進に関する協定を締結したことを発表。高齢化が進む交通不便地域でのＭａａＳ推進など、スマートシティという文脈で未来を見据えていく

第5章146〜147ページ

飯能／株式会社ムーミン物語《2020年9月14日》
飯能市をチケットレスでお得に満喫できるモバイルチケット企画券「Meets! HANNO Pass（ミーツ ハンノウ パス）」の提供を開始。ムーミンバレーパークの入園チケット、飯能駅・東飯能駅からムーミンバレーパークへのシャトルバス往復乗車券、飯能市内のお店で優待が受けられるクーポン券の３つで構成

おわりに

モバイルチケットの導入は現在も全国で相次いでおり、2020年冬の現在では全国20カ所以上で検討が進んでいる。

9月の飯能市に続き、10月には岡山県の下津井電鉄で導入され、11月には、さいたま市の「浦和美園地区」で埼玉高速鉄道や群馬大学などが行う公道・自動運転バスの実証実験にも活用されている。

このほか、AI*（人工知能）を活用したオンデマンド*型の空港送迎サービス「スマートシャトル」での導入や、タクシー配車アプリ*「S.RIDE」との連携など、現時点で公表できる事業者・地域だけでも書ききれないほどだ。

＊AI（人工知能）
「AI」とはArtificial Intelligenceの略で、1つのことに特化した「特化型人工知能」と、なんでもできる「汎用人工知能」の二つに分けられる。

＊オンデマンド
ユーザの要求があった際に、その要求に応じてサービスを提供すること。多くのインターネットのデータ配信はオンデマンド方式で、リクエストに応じて、テキストや画像などのコンテンツを配信している。

＊タクシー配車アプリ
スマートフォンで簡単にタクシーを呼ぶことができるのがタクシー配車アプリだが、最近はキャッシュレス精算に加えて、乗車前に

料金が決まる「確定運賃」の機能もある。

２０１８年の年初にＭａａＳという言葉を初めて聞き、何もわからないなかで右往左往していた身としては、わずか3年弱でここまで取り組みが進むことは想像ができなかった。

本書は結川が代表して執筆する形をとっているが、当然ながらジョルダンでは私一人がＭａａＳの取り組みを進めているわけではない。後半になるにつれ、私の出番が少なくなっているのは、他の社員が取り組みの中心となってきたためで、管理職としては嬉しい傾向だ。

ここに盛り込めていないが、全国の交通事業や移動に関わる方々に多大な協力をいただいており、社内では社長の佐藤をはじめ、本書内に登場していない多くの社員が日夜関わっており、ときには眠れぬ夜を過ごしていることだろう。本当にありがたい。

ＭａａＳの取り組みを振り返るには、まだ早いと思いつつも、1～2年の間に環境ががらりと変わる分野でもある。今は実証実験色が強いため、日本国内に乱立しているＭａａＳのプラットフォームも多くが消えているかもしれないし、海外の巨大プラットフォームが日本に席巻していないとも言えない。

ジョルダンでもＭａａＳ分野で連携する企業や組織は、交通事業者にかかわらず多分野に広がっており、この先、どう変化していくのか未知数な部分もある。そんな事情もあって、これまでの取り組みを記録的に書籍の形でまとめてみた。

今の私たちは、モバイルチケットを普及させることがＭａａＳへの第一歩になると考え、力を入れているが、新型コロナウイルスが世の中の考え方を大きく変えたように、1年後にはまったく異なる形のＭａａＳが求められているかもしれない。

利用者の目線に立ち、快適で利便性の高い移動ニーズに応えること――、常にこの点だけは胸に刻み込んでいる。

そして、ときには「ＭａａＳに取り組まなければジョルダンは終わる！」と吠え続けていた2年ほど前の社長の姿や、新幹線のチケットを紛失した苦い記憶も思い出しながら、今後も変わらずに全国を飛び回っていきたい。

最後に、本文中の事例などを紹介するにあたって、関係企業のウェブサイトなどの資料を引用させていただいた。また、本書執筆にあたって、さまざまな協力をいただいた方々にも、この場を借りて感謝したい。

編集協力●西村健太郎（地域インターネット新聞社）
装丁・本文デザイン●鳴田小夜子（坂川事務所）
本文ＤＴＰ・校正●増子富夫（メディアネット）
販　売●酒井謙次
宣　伝●安田征克（コモンズ２）

結川昌憲　ゆいかわ・まさのり

ジョルダン株式会社　執行役員　法人本部長
1968年7月、福井県生まれ。大手電機メーカー、ベンチャー企業を経て、2013年7月、ジョルダン株式会社へ入社。特命プロジェクト部長を経て法人本部長として、「乗換案内」を核とした法人事業全般の営業責任者として事業を統括。多言語乗換案内ソリューション「乗換案内Visit」や公共交通事業者向けパッケージソリューション「MovEasy」などの新規企画・開発を推進し、羽田空港、関西国際空港や関西私鉄大手電鉄・バス会社への多言語経路検索サービスなどの導入及び実績を獲得。現在はMaaS関連における事業立案及び大手交通事業者を中心に新規ビジネスを展開。

ジョルダン株式会社　https://www.jorudan.co.jp/
ジョルダン法人サービス　https://biz.jorudan.co.jp/

MaaSをめぐる冒険

二〇二一年一月二日　初版第一刷発行

著　者　結川昌憲
編集人　井上佳国
発行人　佐藤俊和
発行所　株式会社悟空出版
〒一六〇―〇〇二二　東京都新宿区新宿二―三―一一
電話　編集・販売：〇三―五三六九―四〇六三
ホームページ　https://www.goku-books.jp

印刷・製本　中央精版印刷株式会社

ISBN 978-4-908117-76-3 C0033